U1013008

黄金足球宝典

——足彩男神带你玩转竞猜世界

杨天婴 著

人民体育出版社

图书在版编目（CIP）数据

黄金足球宝典：足彩男神带你玩转竞猜世界 / 杨天婴著. -- 北京：人民体育出版社, 2020（2023.4重印）
ISBN 978-7-5009-5749-2

Ⅰ. ①黄… Ⅱ. ①杨… Ⅲ. ①足球运动－彩票－基本知识－中国 Ⅳ. ①F726.952

中国版本图书馆CIP数据核字(2020)第021036号

*

人民体育出版社出版发行
三河紫恒印装有限公司印刷
新　华　书　店　经　销

*

880 × 1230　32 开本　7 印张　161 千字
2020 年 12 月第 1 版　　2023 年 4 月第 3 次印刷
印数：2,501—4,500 册

*

ISBN 978-7-5009-5749-2
定价：36.00元

社址：北京市东城区体育馆路 8 号（天坛公园东门）
电话：67151482（发行部）　　邮编：100061
传真：67151483　　邮购：67118491
网址：www.psphpress.com
（购买本社图书，如遇有缺损页可与邮购部联系）

作者介绍

杨天婴

中国体育报 体育产业部副主任

中国体育报 体彩版主编

中国彩票行业智库专家委员会成员

著名足球评论员、足球转播解说员

国家级十大足彩培训师

资深彩票行业产业研究者、国内外彩票发展研究者

曾为国家体彩中心、省市体彩中心做过《国际彩票行业发展》《足彩竞猜技巧》《体育大数据在彩票中的应用》《欧洲五大联赛足球发展》《国内外彩票行业发展现状》《O2O技术和区块链技术在彩票中的应用》等几十场专题培训和讲座

曾写作《中国体育彩票系列丛书》

·自我介绍·

公益与快乐

我写这本书有点晚了，因为按照我的计划，我应该在几年前就把它写完了，但是从效果上看，还是今天写最好。

从工作开始，我就在接触足球彩票。最早为了报纸的足彩内容，我托人从世界各地买了当地的足彩报纸和杂志，那个时候看到那些花花绿绿五颜六色的内容，还真是很奇特，那时就感觉外国的足彩的确比我们要强很多。

那时由于工作的关系开始天天和足彩打交道，从最早的时候起，我就是坚定的“基本面派”。实话说，那个时候我对于所谓的赔付率啊、奖金啊、欧洲指数啊一点不感兴趣，因为我从一个足球爱好者的角度出发，那个时候谁也不会太对这些有兴趣。所以那时我分析比赛基本都是从基本面出发，不过那个时候很多的感觉非常好，特别是对于一些比赛赛前的细节感觉，经常可以判断出大冷门。

那个时候，我们报纸的合作方是一家香港背景的企业，当时他们的老板在北京请编辑部同仁一起吃饭，曾经说过在报纸上看到了我写的推荐，单选13场比赛，单选命中了9场，这个非常厉害了！其实那时的我根本不知道这算不算厉害，因为那个时候的足彩，13场不中12场都等于没中，后来有了单场竞彩，才知道13场可以单选中9场的力度有多大。

不过后来我还是坚定的基本面流派，最多的时候一周给13家报纸写足彩推荐，那个时候写得昏天黑地，但是也没赚到什么钱，基本是把自己写恶心了。直到2006年开始在北京体育广播做节目——每周末中午一个小时的《挑战500万》，那时候开始有压力要直面听众的疑问，直面对方的诉求，我开始从其他嘉宾身上学到了也听到了关于足彩赔付率角度的分析。

2009年，我开始在北京电视台解说足球比赛，最忙的时候一周5场比赛。为了准备这些比赛，经常要提前准备几天，我这人又特别认真，所以我经常把几乎两个球队的所有球员的背景资料查一遍，诸如身高体重、历史故事、风格打法，关于这个人的一切都整理出来；再关于球队的战术风格，我会去网站上找他们的比赛录像，把这个球队的比赛从头看几遍，同时我还会去外国足球网站上，看外国球迷对于这个球队战术打法和人员特点的话题，毕竟人家是更加直观的。在连续好几年这样的生活里，又无形中极大地逼迫我进一步提高了对于足球基本面的了解。

也差不多是那个时候，中国竞彩开始上市，也就是中国的单场固定奖金游戏上市。由于工作的关系，由于各方面的需要，我开始不断和中国竞彩的操盘手们接触，并且向他们学习了很多东西。在同他们学习和交往过程里，我开始对于自己以前掌握的基本面和赔付率知识进行梳理和整合，排除了很多原来存在的误解，重新从中国竞彩的角度对于竞猜型彩票的分析和判断有了全新的理解。

而对这一切进行了升华和提炼的，无疑是竞彩猫的推荐，这是中国最成功的足彩分析推荐平台。在这个平台上我发现差不多我一年要分析6000~10000场比赛，把这些比赛写成文字，同时还要针对分析的对错进行重新的复盘，在这个过程中，我逐渐找到了自己的足彩比赛分析的办法，找到了分析比赛的规律所在，而且无论是在专栏还是好彩节目，我的准确率和命中率都很不错，还拿到了好彩频道的实单最长连红纪录奖。

于是乎，我感觉，似乎到了要写这本书的时候了。

·媒体介绍·

“足彩男神”的由来

2001年杨天婴进入了中国体育报业总社，参与创刊了中国第一本专业足彩刊物《体彩导刊》，作为刊物主笔促进周发行40万本；设计了中国第一张足彩对阵表，成为日后无数足彩报纸的版面模板；全国第一个提出了“五要素竞猜方法”，从足球比赛和赔付率等五个基本要素角度，系统提出足彩竞猜基本理论……

说个小秘密，所有彩民此前竞猜的14场比赛的赛程选择和赛果确认，曾经都来自杨天婴的电脑。

用杨天婴的话说，在《中国体育报》工作以来，最重要的事情就是体育彩票，就是足球彩票，和这个行业一起成长，摸爬滚打，俨然一体，整个生活圈和朋友圈全是这些。

2014年乐视体育在世界杯转播期间，由于杨天婴27场命中23场的惊艳成绩，而在节目中被喊出了“足彩男神”一词。

和足彩结缘，来自于杨天婴去《中国体育报》面试的故事，当时几位领导看到眼前这个当年还瘦瘦的小伙子，问的第一个问题就是“你懂足球吗”。

杨天婴的回答，直到今天还让当时的领导印象深刻，杨天婴说：“略懂，欧洲5大联赛98个球队，2000多运动员，您随便问吧……”

这就是杨天婴第一次找工作时的故事，然后他回答了曼联24名队员的身高体重和曼联百年历史的点滴故事，也因为这个，他进入了《中国体育报》。

足彩男神的另外一个身份就是足球解说员，从2009年第一次迈入电视足球解说领域，直到今天杨天婴已经在北京电视台、中国体育联播平台，以及各大互联网体育平台，解说了

在北京电视台担任解说嘉宾，转播意甲联赛，恰逢国米110周年纪念，在转播现场留念。

500多场足球比赛，涉及英超、意甲、西甲、法甲、德甲、欧冠、世界杯、南美解放者杯、亚冠、中超……

“每解说一场比赛，起码要准备两天的比赛资料，准备数千字的信息和数据，也因为如此逼迫自己不断学习了解足球。”

足球和足彩，就像个双生子。

在全国第一家专业竞彩节目《好彩频道》担任嘉宾，为彩民分析比赛，创造14连红的“神绩”。

前言

一张彩票 会拓展你的人生宽度

一个人，至少得有一个梦想。

一个人，至少一辈子要去追求一个东西——事业、爱情、健康，或是富贵荣华，或是衣锦还乡。

为了追求这些，可以头破血流，可以以头抢地，可以遍体鳞伤。

每一次活着，都是亿万分之一的偶然和庆幸；每一天的度过，都是两万分之一的失去和永别。

在遗传学上，我们每个人都是伟大的奇迹；在生物学上，我们不过是碳水化合物的一种；在伦理学上，我们只是道德现象的研究对象；在哲学上，我们忽而渺小忽而伟大。因此，我们本来就无法评价自己的轻重，也无法真正认清自己的极限所在。

人，生而艰难，大部分如你我之流，断然没有平坦大道，也定然没有顺利通途。留给我们的，只是断粮缺水、荆棘丛生，只是魑魅魍魉、万般阻力。江湖的风浪吹得了别人，为何吹不得我们？！

那你还去想吗?

如果有一次机会，你愿意去为梦想而拼搏一次吗？你愿意让生活拿走你梦想的权利，而当你老了的时候，回头看去，只剩悔恨——为何当初没有拼搏一次?

我们都会想去拼搏一次，哪怕用最简单的方式。

彩票，可能是世界上最古老也最神奇的东西，它可能像空气和水一样，在全世界共通。人类历史上，可以实现跨民族、跨年代被理解的东西，可能要数绘画、音乐，以及彩票了。

作为一种游戏，中国从古代开始，就用“投壶”来玩彩票游戏。中国的史书上记述，大概从春秋战国时起，诸侯宴请宾客时的礼仪之一就是请客人射箭（射礼）。那时，成年男子不会射箭被视为耻辱，主人请客人射箭，客人是不能推辞的。后来，有的客人确实不会射箭，或者主人家里地方小，就用箭投酒壶代替。久而久之，投壶就代替了射箭，成为宴饮时的一种游戏，而后来这种游戏经常被加上“筹码”，有时候是输赢要喝上一杯酒，有的时候是财物，中国最早的彩票类游戏据说就来源于此。后来，这种充满偶然性和游戏性质的游戏非常受欢迎，后世南北朝时，伟大的书法家王羲之最爱玩的曲水流觞也有异曲同工之妙。大家沿着小河坐定之后，拿盛酒的觞放在水里，让觞随着水而流动，到了谁那里停下来，谁就要饮酒作诗，著名的《兰亭集序》就是把其中的佳作写下传于后世的。这个游戏其实就是一个活生生的彩票玩法，可见这些娱乐在中国是古而有之。

当初的娱乐，后来逐渐成为了一门学问。在世界范围内，欧洲文明的先贤亚里士多德被认为是彩票游戏最早的参与者。可见，彩票这个东西，真的是全球化的产物。

说完古人，谈今人。

当今的世界，娱乐方式已经很多，但是几百年来，彩票始终没有消失过，甚至随着世界的发展，彩票已经成为了世界上最大的娱乐活动。同时在娱乐属性之外，它们的公益属性也得到认可，目前在大部分国家和地区彩票都有公益属性。特别是中国体彩，更是以国家公益彩票为自己的根本宗旨。我们每个彩民都是中国最大的慈善家之一，我们每次参与的购彩活动，都是一次公益行为；我们每一次的投注，都是在为了自己也是为了他人进行的有益行为。在2018年底，中国体彩大约累计发行超16000亿元人民币！累计筹集公益金大约4300亿！这个数字可以放在世界任何地方而骄傲。

在参与社会公益的同时，我们更可以实现人生的愉悦，请注意，我并不是说只有中奖才是人生的愉悦。当然中奖很重要甚至是最重要的一部分，一旦中奖，我们就可以迅速去改变人生，可以从蜗居搬到宽敞明亮的大房子，可以把自行车变成小汽车，可以到全世界旅游，可以品尝天下美味，但这真的只是一部分。

当知道彩票游戏之后，我们可以找到更多的朋友，可以找到更多的话题，可以找到一起关注的球队，原本一场无趣的比赛可以变成万众瞩目，普通的一场比赛都可以成为世界杯的决赛，可以为我们的生活平添许多快乐，延伸出更广泛的空间，诞生出更多的味道。一张小小的彩票，一般而言，不会改变你的人生太多，但它会让你的人生变得更加有趣。

方寸彩票之间，是无穷尽之世界。在彩票的世界和缘分中，你可以看到金庸笔下的肝胆相照和万古长情，你可以看到三毛信里的缠绵悱恻和难断难离，你可以看到马尔克斯书中的匪夷所思和命中注定。我们认识世界方法有许多，彩票也是其中一种，它拓展了你人生的宽度，它教会人明白：无论成败，我们都会记住路上遇到的人、见到的事，记住一切，刻在心里，也是一种伟大的成功。

目录

导语 这是一本什么书

这是一本改变了几十年来庄闲关系的书

这是一本教你用操盘手思路分析比赛的书

这是一本教你在坚持和变动中寻找机会的书

世界上有两种分析比赛思想的体系，一种是机构（操盘手）的体系，一种是你（彩民）的体系。

世界上，此前只有一种开盘体系，就是机构（操盘手）的体系，他们用这个体系建立一整套完整的盈利模式，所有的你们（彩民）都在这个体系里碰运气。有时候运气好，有时候运气差，有时候盈利，有时候亏损，但是你始终是在机构（操盘手）的体系里扑腾，而他们正在拿上帝视角看着你：嘿嘿，看，他以为自己要中了；嘿嘿，他怎么自我感觉这么好?

然而，这就是过去几十年来的悲惨现实，所有人、所有的彩民都是在机构划定的一亩三分地里挣扎，永远不可能拥有跟他们一样的机会去PK，永远不可能跟他们有一样的技术手段去战斗。

几十年来，庄闲关系一直如此，机构（庄）和彩民（闲）之间始终是这样一个不对等的关系。

那么，我们如何去打破固有体系，建立一个平等机会的新体系，如何改变长久以来的“庄闲不对等”的体系?

古语说，知己知彼，百战百胜。意为如果对敌我双方的情况都能了解透彻，打起仗来就不会有危险。语出《孙子·谋攻篇》：“知彼知己，百战不殆；不知彼而知己，一胜一负；不知彼，不知己，每战必殆。”

按照中华老祖宗们无穷的智慧，我们可以找到一条通往成功的道路，而这条道路上，最重要的一个方法，就是我们要熟悉并理解机构（操盘手）的体系的开盘方式和手法，用对手的开盘方式，按照我们自己的经验和判断，实现自我开盘。用自我开盘的结果，和机构（操盘手）的结果相互对照，找到机构（操盘手）给出的指数问题，从而抓到胜负手！

这个过程说起来简单，真的干起来，其实难度还是极大的，需要学习了解，需要兼容并包，需要吐故纳新，需要清空自己去重新学习。抱着“空杯心态”再去看待世界彩票行业样子，清空你的杯子，方能再行注满，空无以求全。

这本书的作用，就是教你一种方法、一个思路、一个理念。兵无常势，水无常形，以自己之判断为不动，方可于变动中不随波逐流，手握定海神针。

来，这根属于你的定海神针，接住！

第一章 理解足球基本面

足球是世界第一运动，可能是人类历史上最有影响力的体育运动。

自从有了足球之后，关于论述足球的书籍和文章何止万千，其中专著典籍更是灿若繁星、不胜枚举。诸多前辈巨匠的大作在前，令人高山仰止，景行行止。

因此，本书将会从竞猜型彩票游戏的角度，来分析足球比赛，介绍足球知识，重点和难点在于帮助大家在庞大和细琐的足球知识点中找出对于竞猜比赛最为有用的东西，抽丝剥茧，抓住胜负关键手。

故而，这里面可能和此前您看到的很多足球书籍和知识并不一样，这里是希望在足球竞猜游戏这一细分领域中给您带来更多的帮助。

足球比赛的胜负，由无数个因素组成，有主观因素和客观因素，同时也有必然因素和偶然因素，总之所有的因素都在不同时期不同阶段发挥着作用。

一场90分钟的比赛，由双方22名首发球员、36名报名球员、4~5名裁判员、几万名现场球迷和不可计数的场外球迷及方方面面的因素构成，因此决定一场比赛最终的结果可能来自很多因素的综合。作为一个普通球迷，我们也不可能全部获得这些信息，而且即便获得了这些信息，我们也无法将其量化成为数据，因此在纷繁复杂的信息和数据当中，我们可能是最先变得混乱的一个，所以这里面我们首先要做的工作就是梳理和分类。

在足球场上影响比赛的因素中，我们主要讲述会影响到比赛结果的很多因素，从主客观两个角度为大家分析，这也是希望大家在以后的比赛中，每当看到或者听到类似的新闻和消息，都可以第一时间敏感地和比赛结合到一起，同时可以敏感地朝比赛方向引导。

一、足球基本面：主观因素

（一）实力

实力可能是最概括也是最直观的一个关于足球比赛双方强弱的判定了，而实力的判断也因人而异、因角度而异，更和看待足球的方式和角度有很大关系。

我们经常说的实力其实主要来自几个核心要素：球员、教练、俱乐部管理能力、底蕴等。

我们在判断一场比赛之前，第一步要做的事情就是判断两个球队实力强弱，而判断的正确与否和很多因素有关，因人而异，但是大部分人的判断其实差不多，很多人直观感受会有不同，但是主要体现在细节之处，大的判断基本相同。做好实力判断是最基本也是最重要的一步，我在后面给大家推出的“值博率分析法”会贯穿整本书，了解清楚实力是关键的第一步骤。

最简单的判断，就是寻找每个联赛前5名的球队，一般而言他们都是联赛最强的球队，而连续5年可以排名前5，或者连续5年可以多次排名前5的球队，则是联赛的传统强队。一个球队可以在连续5年之内保持一个非常高的排名，本身就是对一个球队整体实力和稳定性的肯定。

很多人在竞猜比赛的时候，经常会有这样的感觉：当看到陌生比赛的时候，就去看看球队球星，球星多的球队必然是强队。2010年我第一次在北京电视台解说足球比赛，就是解说当年的非洲杯赛，说实话当时的非洲杯对于我而言简直是一片陌生大陆，而我熟悉他们的方式非常简单，也非常辛苦，就是把球队阵容名单找出来，然后挨个在网上搜索这些球员的个人信息。当时很多非洲球员的个人信息都是法语介绍，需要通过把法语翻译成英语再翻译成中文，当时做出一个球队的球员介绍，就差不多要耗费几天的时间。而我挨个去找他们的信息之后，我个人获得的最大收获就是突然之间发现，很多不知名的非洲球员其实都在欧洲效力，尽管他们的名气不大，但是仔细找了他们的资料之后，还是可以对他们的风格特点乃至技术打法有了很多了解。然后再通过视频资料去分析他们在比赛中的特点，比如以左脚还是右脚为主，比如踢中锋还是边锋，比如踢中卫还是边卫，身体条件如何，进球效率如何，本赛季状态如何。这些资料都一点点找齐之后，也就对球队有了一个初步的了解和判断了。

随后，让我收获最大的是2011年在北京电视台全程解说当年南美解放者杯，那次也是全程查阅了几乎所有解说球队的所有球员的名单和个人信息。那届杯赛中涌现的内马尔、阿莱克斯·桑德罗（2017—2018赛季尤文）、甘索、孔卡、达米奥、

达尼洛（2017—2018赛季曼城），都是在一次次查阅过程中我发现的最有意思和最值得关注的超级新星，看着他们后来的职业生涯的发展，总能感触很多。那次之后，对于南美洲的比赛特别是解放者杯赛制和风格特点有了较为清晰的了解，对球队的整体实力就从当初的完全陌生到尽在掌握。解放者杯后期的解说过程中，几乎不用提前准备，也可以预判首发阵容和换人战术。

这个习惯一直延续到现在，直到今天如果解说比赛，我仍然会仔细研究每个球员的资料背景，对球员进行充分了解。

有人说教练是球队的舵手，但是我觉得好教练其实是球队的爸爸，好爸爸和坏爸爸，最后的效果是不一样的。

熟悉足球的人可能都知道，足球运动员的技术能力在20岁之后不会有突飞猛进的发展，技术功底都是幼年时代打造的基础。一个教练是不可能去教球员ABC这样的问题，那么一个教练在球队里的作用是什么？最近几年实行起来一个风气，就是好教练未必曾经是优秀球员，穆里尼奥是个普通的替补门将，克洛普是个乙级球队里糟糕的前锋，后来还被迫去打后卫，27岁就结束了球员生涯的图赫尔后来是全欧洲最红的教练，这些人的工作，绝对不是在技术上帮助球队，他们能带给球队的往往是个人精神气质的注入，乃至球队精神气质的成型。

很多熟悉意甲的球迷和彩民一定记得，早在2002年足彩上市的时候，我们就不断在接触大家最熟悉的意甲联赛，当时一个非常著名的球队是国际米兰。那个时候的国际米兰主教练曾经一度是保守的阿根廷人赫克托·库珀，他凭借在马洛卡时期带领球队闯入1998—1999赛季欧洲优胜者杯决赛、带领瓦伦西亚连续两年闯入欧洲冠军联赛决赛的成绩，而成为了那支国际米兰的主帅。大家在当时买足彩时可能最怕的就是遇到国际米兰，巅峰时候拥有罗纳尔多、维埃里、雷科巴的国际米兰却总是出现阴沟翻船，而且球队经常在关键的硬碰硬的比赛中掉链子，这个印象一直伴随着球迷和彩民，当年罗纳尔多的悲情一哭也写入历史，成为时代烙印。那个时候每次买足彩碰到国际米兰，大家都在和冷门连在一起，有没有都会联想。而在随后的几任教练变化之后，直到穆里尼奥的到来，人们才真正找到了什么是稳定，那个时候的国际米兰几乎所向披靡、战无不胜，任何艰苦的比赛都会成为最后的胜者。穆里尼奥在2010年对阵桑普时球队被罚下两人，他做出戴手铐的手势，并且放出“除非罚下6人才会击败我”的狂言，更是那几年国米形象的代表。穆里尼奥把自己强硬的性格和与天下为敌亦可胜之的气势带给了国际米兰。

这就是教练的力量！在场上排兵布阵、调动人马，更重要的是用个人的精神气质给球队加油，让球队提高，给球队提供心理按摩，提升球队士气，这些都是球队实力的关键因素。因此，怎么看待教练是非常关键的。

如果我们把实力具体到数据的量化上，有几个关键数据值得我们关注：积分排名、主客场成绩、交锋对阵等。

积分排名：积分排名是体现球队实力最基本的数据，主要分为总成绩、主场成绩和客场成绩，通过总成绩可以看到球队在联赛的排位，而主场成绩和客场成绩则可以对于当前的比赛主客队进行分析。

积分和排名是操盘手进行开盘的关键数据，但是积分排名存在很大的迷惑性和诱导性，大家不能只看这个数据，否则会出现很大的问题。

主客场成绩：这个数据是总积分排名的细分成绩，把球队的总成绩细分成为主客场成绩，看主队时可以参考球队的主场成绩，客队可以参考客场成绩。大家在竞猜中，可以仔细研究球队的主客场成绩，其中包括球队的主场客场胜率、进球数量，甚至可以研究得更加详细，比如球队主客场击败了哪些球队，而这些球队的风格和马上要比赛的球队之间有什么差别和异同，研究越细，收获越大。

交锋对阵：交锋战绩是两队之间的互相交锋成绩，这个数据在很多人眼中存在疑问，因为大家的观点是球队实力每个赛季都在变化，如果是几年以来的球队交锋成绩，则存在更大的变化可能，所以历史上的成绩是否还具有参考性很值得怀疑。

不过，我们从历史交锋中可以找到两个球队之间的打法相生相克的关系，同时如果要仔细研究的话，其实从操盘手的角度，历史交锋是重要因素，历史上的交锋数据在开盘过程里意义很大。同时大家还可以关注同类球队之间的成绩，就是对阵和此次对手积分排名位置相同的球队时的战绩，这个是可从侧面考察球队真实实力且对照参考的重要数据。

（二）战术

“肥罗”罗纳尔多曾经说过，南美运动员到了欧洲之后，根本在技术上不会有任何提高，有的只是在战术上的进步。战术的意义，其实对于比赛而言，对于球队而言，是整体实力基础上的加权。

在足彩竞猜中，我们可以通过看更多的比赛，分析各个球队的战术，这就是看懂足球的一部分，看懂足球是搞懂竞猜基本面的基础。只有看懂比赛，才有机会在基本面和赔付率之间进行对照和对比，找出赔付率的空当。

战术可能是足球里最玄妙的部分，也是最复杂的部分，客观说战术究竟在比赛中起到多大作用也是因人而异，大家的观点可能各不相同。我是非常坚定的战术派，也就是我一直相信战术对于比赛的胜负有决定性作用。

战术首先是人来实现的，因此我们在分析比赛胜负中的战术作用之前，首先要确认球员的相对稳定。比如巴萨有没有布斯克茨可能战术就截然不同，布斯克茨后撤一步就是出球中卫，形成三中卫打法，两个边后卫可以大胆助攻，踩着两个边线拉开对手防线宽度，为前场队员的插上创造空间。而为了增加皮球的横向流动性，布斯克茨的接应可以保证不丢球，而对手一旦在中路持球，三中卫可以形成保护，压迫中场空间，迅速抢回控球权。再比如尤文图斯的中场赫迪拉曾经在皇马效力，在尤文期间他继续了自己的特点，就是纵向前插能力极强，尽管他的横向拦截能力不算最强，但是他可以频繁在两个禁区里制造威胁，特别是在进

攻中，一旦他插进禁区里，就会利用对手盯防伊瓜因等人的时候留下的空当。所以看懂尤文的这个战术，就能理解每个球员缺席与否对于比赛的影响。

我们通过2017—2018赛季，英超第23轮那场著名的利物浦VS曼城的比赛（最终比分4比3，利物浦胜），为大家分析战术在足彩比赛中的作用和分析思路。

在这场比赛之前，利物浦排名第4，球队主场6胜5平不算非常突出，胜率只有一半，球队当时6场打出4胜2平不败战绩。而曼城是当时联赛最强的球队，主客场总成绩三项指标都是联赛第1，同时球队6场比赛打出16分成绩。但是亚洲指数给出主队高水受让平半，部分公司给出主队超高水平手，后市整体主队高水受让平半。从亚洲指数看，客队让平半，对于利物浦而言不是一个非常好的苗头，因为在利物浦的主场受让的确让人们看不到利物浦拿分的可能。

这场比赛通过基本面的分析，其实可以感受到足球战术带来的变化和魅力，这也是高端彩民未来需要去掌握的，也是分析足球比赛的乐趣所在。

利物浦平常的战术以433和451为主，在进攻推进时433，在防守时强调回撤451，但是克洛普带给这个球队全新的足球理念，就是全场的高强度压迫，前场就地快速反击，勇敢甚至冒险地大胆传球，前场队员个人具备极强的速度优势。利物浦很多时候并不追求控球率和控球时间，更多讲求效率。前场队员的跑位非常灵活，甚至中锋位置上的回撤也很大，给中场队员甚至后卫的插上提供空间。在防守上，利物浦的高位压迫做得非常好，甚至显得非常激进，从前场进攻球员开始就压迫对手，全队保持非常紧凑的防守队型。

曼城让大部分球队都受不了的是两个边翼球员斯特林和萨内，这两个人的边路突击经常可以迅速转变攻防节奏，制造空间，一旦控制不住这两个边路球员，也就完全陷入了困境。利物浦当时的优势是马内、萨拉赫、张伯伦几个人都可以拉到边路协防，他们在压住了萨内和斯特林的同时，逼迫曼城的皮球不断回到中路，而埃姆雷詹、维纳尔杜姆等人在中路的扫荡和压迫迫使费尔南迪尼奥等人频频出现问题。曼城继续了巴萨的战术思想，球队非常重视出球能力，从门将埃德森到中卫斯通斯再到后腰费尔南迪尼奥，这几名队员的出球能力都很强。巴萨足球精髓一直是进攻从后场发起，但是这场比赛中，利物浦的前场逼抢还是造成了曼城的出球困难，在边路受到压迫、中路出球困难的情况下，曼城陷入了全面被动。

足球是一个讲求攻防平衡的体系，进攻和防守是一体的，战术的魅力其实就是在其中的平衡。如果有一个点被过分扩大和突破，就会造成攻防的失衡，足球比赛的结果也会因此受到影响。

因此，在足球比赛进行之前，充分了解球队战术风格，是非常关键也是极有价值的。

案例 战术风格是判定比赛结果的重要依据

（实单彩票）2018年9月18日的比赛

从战术风格上判断比赛，是一个从基本面可以直接得出判断结果的方式，这种方式往往在于彩民本身要对足球有着较深的理解和判断，对于足球基本知识和当前的情况有着较深的判断。

在自我开盘的过程中，从基本面的战术风格上直接找到竞猜的胜负关键点，会让大家的自我开盘更接近操盘机构的基本面判断。从本质上说，如果你最早的基本面判断就已经比机构更接近事实，那么你在自我开盘的生面上，就会大大超过对手。

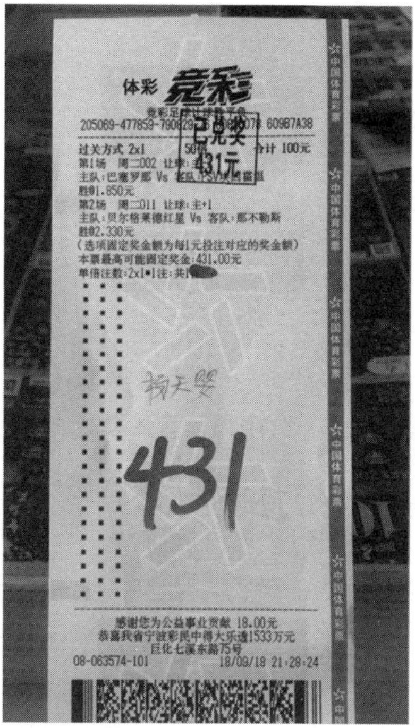

我们拿2018年9月18日的欧冠比赛实单做一个介绍，这也是我在好彩频道直播时为大家现场进行的分析推荐，现在将这个推荐过程中我的分析思路和大家分享。细心的观众一定记得，当时我的分析基本上就是从两个球队基本面中的战术风格进行的，这种方式也是

我此前最喜欢的风格。

当天的比赛是欧冠比赛，分别是“巴塞罗那VS埃因霍温”，以及“贝尔格莱德红星VS那不勒斯”。当天节目里比赛很多，但是推荐实单时候我选择了这两场比赛，也是因为我对这两场比赛的战术风格基本面很有把握。

首先说当时实单里的“巴塞罗那VS埃因霍温”这场比赛。这场比赛最大的难度是巴萨主场要让2球，中国竞彩给出这样的深盘，带来了无尽的难度。

在很多比赛的场次里，我一直对这场比赛有一个很深的感觉，就是巴塞罗那足球和荷兰足球的风格之间的渊源。要知道可以战胜巴萨，或者说可以在比赛中给巴萨制造困难的，一定是一些战术风格强硬同时拥有完整反击套路的球队。他们可以利用自己的拼抢和缠斗，极大地消耗巴萨的体能，同时在战术上破坏巴萨传统的传控足球，让巴萨的足球无法流畅流动，于是擅长流动性的巴萨往往就很容易陷入困境。这样的对手才是巴萨最难对付的。

但是如果知道巴萨足球风格和荷兰之间的关系，我们就会了解，这两个足球体系之间，几乎存在着一脉相承的关系。最早奠定巴萨足球风格的是米歇尔斯，20世纪60年代中期，米歇尔斯最早开始思考全攻全守足球的意义，并且开始着手打造一支全攻全守的欧洲足坛劲旅——阿贾克斯，1971年阿贾克斯首次获得欧洲冠军杯，让整个欧洲足坛受到震动，这个独创的战术打法风靡欧洲。随后米歇尔斯选择加盟巴塞罗那，那个时候的巴萨和今天的足球风格大不一样，也远没有今天的足球地位，米歇尔斯可以说是巴萨开启王朝最早的奠基人。

米歇尔斯在执教巴萨期间除了拿到过一次西甲联赛冠军之

外，最重要的一个直接影响了此后几十年巴萨足球的举措，就是把克鲁伊夫带到了西班牙。从此巴萨足球彻底被荷兰化，彻底和荷兰足球开始了不解之缘。克鲁伊夫作为球员取得了巨大成就，每个赛季的进球都在20个以上，即便受到伤病的影响他依然是球队最强力的得分手。更为出色的是，随着克鲁伊夫成为巴萨主帅，他一手打造了巴萨梦一队时代，他把自己在阿贾克斯的平生所学，他把从米歇尔斯身上学到的一切知识都用在了巴萨身上。但是克鲁伊夫绝对不是东施效颦，绝不是邯郸学步，他把自己作为世界级球星在比赛实践中掌握的东西完全用在了执教上，他升级升华了全攻全守的荷兰足球理念，把米歇尔斯的足球精髓推进了一步。他开启了联赛中全面压制皇家马德里的时代，在他执教时期巴萨夺取了4次联赛冠军。

克鲁伊夫是强大的，他拥有桀骜不驯的精神和强大的领导意识，在他的执教下巴萨的足球迎来了改革风暴，他将自己的足球哲学灌输给了巴萨，加强版全攻全守的传控足球从此成为了巴萨的打法基因。不但在一线队有所作为，为了更进一步让巴萨足球沉淀下来、生根发芽，克鲁伊夫一手打造了拉玛西亚青训营，通过层层梯队足球风格的统一，最终确定了巴萨延续至今的足球传承。

在年轻一代球迷熟悉的教练和球员中，梦二队在瓜迪奥拉的带领下，巴萨凭借传控快速打法的遗产树立了对足坛统治的地位，实现了史无前例的六冠王。而这个梦之队的基础，就是克鲁伊夫留下的拉玛西亚青训出产的战术传承人——伊涅斯塔、哈维、梅西、皮克、布茨克斯等人，尽管场上位置不同，但是他们依然是在中卫、中场和前锋的位置上，保持了全攻全守足球的精髓。

直到今天，巴萨足球依然在吃着荷兰足球的底子，依然是在依靠当年米歇尔斯和克鲁伊夫给球队打下的基础。

所以，我们回到本场比赛的竞猜当中，我看到对阵之后的第一个感觉，就是荷兰球队很难在巴萨身上拿分，即便在此时巴萨正在联赛里遭遇低迷和困难，荷兰球队也依然很难占到便宜。这场比赛是中国竞彩主队让2球，其实从当前的巴萨状态看，让2球的确有些难度，毕竟2球的深度不小，而且主队状态一般，但是就基于上面对于巴萨足球和荷兰足球的了解，我认为两个球队足球基因类似，荷兰足球绝对不是巴萨足球风格的对立面，因此也就不会是巴萨足球最难对付的对手。凭借埃因霍温的足球风格，客场挑战巴萨的确太难，他们从骨子里就和巴萨太像，所以不可能采用其他足球风格里的缠斗逼抢、死守反击这样的套路，因此他们也就无法真正给巴萨制造麻烦。

最终比赛巴萨4比0干净利索地痛击了埃因霍温，我当时连4比0的比分都分析对了。

这也是我为什么直接选择主队巴萨让2球胜的原因，这个让2球胜直接带来了1.85的返奖。

说完了巴萨的让球胜，我再来跟大家分析“贝尔格莱德红星VS那不勒斯”这场比赛，这场比赛在好彩节目现场，我依然是从比赛风格的角度直接为大家推荐的。这里可以再为大家重述一下当时的观点，依然是足球的战术风格问题。

贝尔格莱德红星足球俱乐部是前南斯拉夫足球最耀眼也是最后的辉煌身影，球队位于塞尔维亚首都贝尔格莱德，他们在南斯拉夫时代已赢得过18届联赛冠军。其中贝尔格莱德红星足球俱乐部曾于1991年赢得欧洲冠军联赛冠军，这个胜利让南斯拉夫球队达到了历史的顶峰。这个球队曾经涌现了当时世界顶级的进攻球员——“三个火枪手”普罗辛内斯基、萨维切维奇、潘采夫。我想提醒很多看过2018年世界杯的球迷们注意，当你们看到克罗地亚足球杀进决赛，拥有无数天才进攻核心的时候，你们要知道这些东西不是今天才有的，早在南斯拉夫时期这就是他们的足球风格。南斯拉夫足球拥有比欧洲人更好的身体素质，拥有更加出色的技术能力，如果不是因为球员个性问题总是非常突出的话，南斯拉夫足球一定会更加耀眼。但是这些足球的基础东西并没有变，就像无论中国乒乓球队暂时成绩如何，你都需要对中国乒乓球充满敬意一样，对于南斯拉夫足球你也要充满敬意和尊重。在那些以“斯基”和“奇”为后缀的球员身上，随时有着成为超级球星的潜力，只是今天你还不认识他们而已。

所以，无论何时，你都不能认为贝尔格莱德红星这样的球队是一个弱队，都不能对他们掉以轻心。

而我当时对于本场比赛的分析最大的一个看点来自那不勒斯主教练安切洛蒂。很多球迷都称安切洛蒂为“安猪”，其中含义颇多。从成绩上看，安切洛蒂其实是意大利教练中成绩最好的一个，他曾经在尤文起家，在米兰、切尔西、大巴黎、皇家马德里和拜仁慕尼黑当过主教练，从这些工作背景看，他绝对是意大利履历最好的主帅，他几乎把欧洲顶级豪门执教了一遍，这点在历史上非常罕见。不过熟悉他的人都知道，安切洛蒂有著名的两个特点，这些特点既是他可以在豪门上班的原因，也是他最后不得不离开豪门的理由。

安切洛蒂是著名教练里比较听话的一个，和那些性格孤傲、特立独行的穆里尼奥、瓜迪奥拉们相比，他这种典型的意大利人性格显得圆滑世故。他很少和俱乐部老板闹翻，你几乎也从没有听过哪个球员起来造安切洛蒂的反，他作为老好人几乎从不得罪人，这让很多欧洲豪门俱乐部在遭遇危机的时候，往往会首先想起他，这也让他的足球道路较为宽广平坦。但是当他执教时间稍长，就会发现他的战术变革思想不强，同时意大利足球的保守主义在他身上非常突出，他绝不是一个积极进取的主教练，甚至很多时候他能让球队变得比其他弱队都要保守。这也导致了每年花费巨资的超级豪门在稳定了局面之后，都无法再容忍他的比赛风格。

结合本场竞彩比赛，那不勒斯在安切洛蒂的整治下变得和以往大不一样。曾经的那不勒斯开放积极，前场所谓的“死亡三小”给球队带来无数进球，也让那不勒斯的足球变得非常好看。但是安切洛蒂到来之后球队人员变动较大，球队阵容变化较大，战术也随之变得非常保守，在这场欧冠之前，那不勒斯屡屡出冷门，即便是取胜的场次，得分能力也较弱，因此这个时候的那不勒斯不再是一个积极进取的球队。

从这场比赛的足球分析上看，在为大家介绍了这些战术和足球理念的知识之后，我希望大家可以发现，主场作战的贝尔格莱德红星绝非善类，即便你不能在他们的阵容里找到超级球星，也绝对不能忽视他们的战斗力。而曾经战斗力强劲、客场很有爆发机会的那不勒斯随着安切洛蒂的到来变得谨小慎微，这样的保守战术在客场很难在贝尔格莱德红星身上占到便宜。从比赛的足球战术角度，我根本不看好安切洛蒂。

最终本场比赛结果是0比0，连进球都没有，是不是很尴尬，是不是太像我此前的分析了？

给一个花絮，赛后新闻媒体都在报道，那不勒斯在贝尔格莱德红星的主场收获一场平局，但安切洛蒂对此并不满意，他认为对方球员屡次跳水并拖延时间。安切洛蒂在接受意大利天空体育采访时说："最后的15分钟必然是不同的。对手拖延时间和跳水是专业的。他们踢得紧凑，而且总是寻找着被犯规。"

听完这些，我们也只能"呵呵"了，尽管我很讨厌这个词。

（三）状态

状态是球队当前实力的体现，关键词是"当前"，因为在漫长的赛季中，并不是所有球队都可以在全部过程里发挥出100%的实力，大部分时期球队的表现起起落落，高潮和低谷并存。状态就是这个意思。

很多时候，我们关注状态最好以28天左右为一个周期，因为在一般运动队中，都会以差不多这么一个时间段作为调整的时间。

在比赛过程中，很多时候由于赛程疲惫，或者因为球队注意力不同等原因，球队状态会出现明显下降，战斗力下降，球队在场上的突出表现就是跑动不积极，比赛投入程度不高，原本应该表现最为突出的个别球星，在比赛过程里大多数处于隐形状态。

状态可能是最难以在赛前判断的，因为临场可能出现的状态在赛前根本无法提前预测，根本无法被预支，这就是竞猜中最可怕的一个问题。大家经常在投注结束之后，看到比赛转播，往往大呼"球队怎么状态这么差"！

因此，提前判断球队状态，找到球队状态好坏的标志非常重要，只有提前预判球队状态，才有竞猜的实质意义。

在很多的数据里，近期状态是非常关键的一个，值得大家注意。在彩民可以拿到的数据里，近期状态大都是近期6场比赛的数据。

在一般的足球认知里，足球队大部分都是以一个月的比赛为周期，在一个月左右的时间里，球队的状态会有统一性，因此近期6场比赛的情况，是对于一个球队表现判断的重要依据。这个数据要和积分排名进行对照，会发现一个问题，比如积分排名较高的球队，往往近期状态较为低迷，这样在判断球队状态的时候，积分排名就不是核心要素了，因此建议大家更多关注近期状态问题。

在下文的介绍中，我会向大家介绍如何提前预判球队状态。

（四）求胜欲望

通俗叫作“战意”，这里也可以理解为“求胜欲望”或者“求生欲望”。每个球队都有各自的目标，也许是巨额奖金，或者争冠，或者保级，或者面对德比对手，或者志在复仇，或者处于球队历史性节点时刻，每当这些时间段上，总会让球队在比赛中迸发出比以往更大更强的战斗力，这就是求胜欲望。

求胜欲望好比一针肾上腺素，可以让球员在比赛中迸发出无比巨大的拼劲和动力，这些拼劲和动力会极大地弥补球队在实力上的劣势，或者进一步加强自己的优势。

在足彩竞猜中，我们一定要更多地获得这样的信息，这样的资讯将极大地帮助我们在求胜欲望也就是战意上给球队增加权重。

（五）核心球星

核心球星在很多时候被人们称为伪命题，因为我曾经在一次全国体彩的竞彩培训会上为大家介绍过大数据在足彩上的应用，其中有一点就是核心球星缺阵与否是否具有决定意义。其实在大数据统计上，类似杰拉德这样的球星当年在利物浦哪怕是巅峰阶段时，他上场和不上场在利物浦的胜率之间差距不足4%，换句话说差距不大。

但是那个只是数据的结论，从实际的应用看，特别是从彩票竞猜的应用看，在操盘手们看来其实差距还是很大的，比如在操盘手看来，恒大队高拉特上不上场，至少等于半个球。现在在核心球星的问题上，大部分拥有超级球星的球队一般实力不俗，资金雄厚，都有较为突出的板凳深度，所以个别人缺席，分量差不多的球星会接替他的位置。所以缺席个别人其实影响不大，除非这个人在球队内部没有足够出色的替代者，比如恒大的高拉特，比如国际米兰的“二弟”伊卡尔迪。

但是如果我们换一个思路看待核心球星，也许就会直接对比赛的胜负产生很大的影响。比如我们可以用可否取代作为标准，也就是说，“这个关键位置上的球员是不是可以取代”。这里首先说的是关键位置，所谓关键位置，必须是中锋、前腰、后腰这类直接导致得分与否的位置，即便是门将位置上的布冯、中卫位置上的基耶利尼等，也都无法算进来，因为他们的位置可以通过球队其他人的努力协同进行弥补，并不存在绝对的不可或缺。此前文章里说的杰拉德，尽管他是球队的队长、超级球星，但是客观说他的进攻作用还有阿隆索等人可以替代，他的防守作用在全队的努力下也可以解决，因此这个位置就不算绝对关键。当前可以说绝对关键的球员并不多，如果我要细数的话，在巴萨遭遇的硬仗上梅西可以算一个；在尤文的C罗都无法算一个，因为C罗旁边还有迪巴拉和曼珠在；切尔西的后腰坎特在硬仗上可以算一个，他在不在其实可以明显提升或者降低切尔西中场的一个层

次；国际米兰的伊卡尔迪接近这个标准，因为在国米还有劳马丁内斯在，所以“二弟”也不算不可取代的。现代足球越来越讲求团队和组织，因此不可或缺的人越来越少。究竟哪些球员是不可或缺的，更多来自大家自己的判断，这里面核心问题是多看球、多研究比赛，在阶段性的判断上找到自己的经验。

为什么说伊卡尔迪只能算接近不可取代的标准呢？在伊卡尔迪闹脾气没有出场的比赛中，国米继续保持了极高的赢球效率。所以，有的时候超级球星的作用是很难量化和判断的。

二、足球基本面：客观因素

（一）球场氛围

我们都知道有一些球场被称为魔鬼主场，这里的球场氛围会对比赛产生微妙的影响。但是从竞猜比赛的角度看，球场氛围有什么样的影响其实需要仔细分析。

曾经有很多球员在采访中说，比赛过程里根本听不到球迷的喊声和歌声，所以魔鬼主场的威力究竟在哪？

我个人感觉，所谓魔鬼主场其实是在于对主队球迷的鼓舞之上，在一个拥有非常强烈的球迷支持的氛围下，或者在一个拥有非常悠久历史传统的球场之内，很多球员在比赛中的状态会得到较大的提升，球员的情绪和战斗意识会得到加强。这也是球场氛围带来的效果。所谓魔鬼球场和地狱主场，其实主要是针对主场球员的士气和自信心的激发而言。

在竞猜当中，每个赛季总有几个球队在主场有极其强劲的战斗力，远超过客场发挥。若抓住主场强队的机会，可以极大地节约弹药，提高中奖率。

我去过巴塞罗那的诺坎普球场，当时正好在检修，因此第一次看到了没有草皮的球场。所谓球场的威力，其实真正的威力在于球迷，而不是球场本身。

（二）场外因素

场外因素是足球竞猜里最大的问题，也是最难掌握的问题，比如很多传说中的协议球、默契球。这些情况究竟有没有其实很难说，也很难掌握，大家基本都是在传说中摸索。其实在操盘当中，这些东西属于消息面，这类情报基本都是从外媒传来，或者从球迷彩民中传来传去。

我在下面的专题中，有专门的一栏介绍消息面的情况，这里只是和大家分享一点。一般开盘的机构都会有很多的消息渠道，因此从这些机构的安全运营角度看，他们得到的消息面情报如果属实大部分都会体现在赔付率上，如果赔付率没有异常变化，大家可以稍微安心一点。

足球场上有没有场外因素？在世界足球的历史上绝对有，哪怕是最近几年的欧洲和中国足球联赛，都存在着场外因素的影响。

所谓足球是圆的，关于场外因素，也让足球变得更圆吧。

（三）赛程赛制

这个主要指我们竞猜欧洲五大联赛时，球队处于较为频繁比赛时的状况，往往会在联赛和杯赛的夹缝中上下腾挪。

在大家分析球队基本面情况的时候，往往会仔细寻找球队赛程，从中找出球队下场比赛的时间，如果碰巧球队马上有重要的洲际杯赛或者重要的国内杯赛，那么球队很可能会受到影响。

在足彩刚开始的几年里，这个规律非常突出，强队出冷门往往都是在欧冠和欧联的关键赛事之前的国内联赛，球队有的时候不得不让部分主力休整，换上替补队员，对于实力而言是明显的降低。但是从最近两年的情况看，这个问题正变得不那么突出，因为很多可以参加欧战的强队往往阵容雄厚，板凳深度惊人，即便是换人出场，整体实力没有太大损失，相反很多板凳上的球员久久没有得到出场机会，这样的出场会让他们有更多的爆发可能。因此最近几年来，强队因为欧战的原因而在此前联赛中放松或者轮换带来损失的情况越来越少。

不过，这里可以提醒大家的是，在赛程赛制上，还有一点需要注意，就是在赛季初期，往往需要踢欧冠和亚冠预选赛的球队，由于他们要比其他球队至少早比赛半个多月，因此他们的集训时间和赛前准备期的情况也和其他球队不同，他们进入联赛的时候已经经过几轮预选赛的比赛，这些球队比其他没有预选赛的球队更早进入比赛状态。

第二章 理解足球赔付率

“赔付率”从字面的最简单理解，就是赔付的比率，就是彩民买彩票中奖之后机构返还给彩民的奖金。

如果从更专业一点的说法看，是彩票机构根据比赛双方球队在一定时间内的成绩，以数据、信息和市场情况为基础，经过计算得出的一种可以体现比赛双方胜负概率和机会的数值。这个数值从开出之后，就一直是动态发展的，非即时投注玩法中，基本分为最初赔付率、销售中的赔付率和收盘赔付率。

这一章为大家介绍赔付率，想必每个“老鸟”都已经对这个名词不再陌生。最近几年来大家都在研究这个话题，也都在发展自己的理论，因此我想要分享的是：从操盘手和自我开盘角度来为大家介绍赔付率。

我保证，这个角度，是你从来没有听过的。

一、足球赔付率：基本理解

在互联网上大家可以搜到，赔付率的定义是：赔付率是彩票公司根据球队某一时间段内取得的成绩（进球和胜负结果），经过严密计算得出的一种可以体现参赛双方逻辑关系的一组数值。并且在该数值的基础上进行有规律的调整，使其成为服务于彩票公司的一种有效工具。

但是从本书的角度，我更倾向于把赔付率理解为：球队实力对比+机构利益的双重体现。

因此，在分析赔付率的时候，就要从两个角度而不是一个角度来理解赔付率的概念，这既是足球比赛的内容，更是商业利润的综合体现。

赔付率最初的意义是给比赛的胜平负关系数字化，通过数字赔付率表达各个结果的出现概率，把比赛的结果概率用奖金的形式体现出来。

比如说一场比赛——AC米兰VS国际米兰，相应的赔付率是这样：1.88，2.35，2.23。从这个数字看，买米兰胜，1元会收获1.88元；买两队平局，1元收获2.35元；买米兰输球，1元收获2.23元。这就是赔付率的奖金属性，从这个属性上可以清晰地看到每次投入和产出的关系，清晰地明确每次购买的风险和收获。

很多用户同时也把这个作为比赛胜负判断的风向标，最基本的就是当你不知道各个球队之间实力强弱时，通过赔付率可以较为清晰地掌握实力对比。最简单的判断就是奖金越高，出现的概率越小，意味着实力越弱，意味着是弱势一方；而奖金越低，则相反要实力更强，或者是出现概率更大的一方。

操盘机构，通过自己的独特算法，把纷繁复杂的数据和比赛信息，进行了数据量化，进行了整理和加工，进行了数字化的呈现。从彩民角度看，这可以极大地减少自己的工作量，可以极大地利用现有数据完成分析比赛的工作。

但是，这只是彩票机构给出赔付率的意义之一，对于机构而言，他们给出这样的赔付率，最大的目的是为了让彩民购买他们的赔付率，也就是购买他们的赔付率下的胜负关系。这是最为简单也是最为直接的目的所在。

因此，其中就包含了很多机构的目的和想法，包含了很多机构的利益出发点，所以我们不能忽视其中的变化和差异，不能忽视其中隐藏的“大坑”所在。

每一个赔付率背后，都是彩票公司和机构利润之后的数字体现，这个数字基本上是已经完成了利润，机构的利益已经在之前完成了体现。但是只理解到这里并不够。机构如何用赔付率的方式，引导消费，引导用户投注倾向，引导用户走入对于机构而言平稳和谐的轨道，才是赔付率最关键的意义所在。而一个出色的玩家，一个有经验的投注者，往往希望在这里重新逆向思考，找出彩票公司或者机构的真实意图所在。

本书将会从操盘机构的角度，为大家进行较为详细的分析。

二、足球赔付率：赔付率的计算

在此之前，我们都是看别的赔付率进行分析，很多人都在希望学习如何进行赔付率计算，如何进行赔付率逆向反推，这个东西看似是一个非常大的学问，其实难度并不大。

比如意甲联赛中尤文图斯主场与AC米兰的比赛，彩票公司通过分析得出尤文图斯胜出的概率为40%左右，那么就用这个公式来计算如下：

第一步　$100 \div 40=2.5$

第二步　$2.5-2.5 \times 10\%=2.25$

那么，彩票公司开出尤文图斯胜的赔付率会在2.25左右。

计算公式是：

$$a \div b=c$$

$$c-c \times 10\%=d$$

a是计算百分比概率的基数100，b是彩票公司通过分析得出的百分比概率，c是$a \div b$得出的结果，10%是指机构抽水抽走的奖金，d就是最后计算出来的赔付率。

三、足球赔付率：最初赔付率、销售中的赔付率和收盘赔付率

最初赔付率　足球比赛被开出的最初赔付率，我们一般叫作初赔或者是初盘。这个赔付率在任何时候都是非常被重视的。我曾经的一个同事是清华大学的毕业生，他曾经在很多的亚洲机构工作过，当时我们在出版中国第一份专业足彩报纸《体彩导刊》的时候就遇到了一个问题，由于报纸的出版时间比较早，所以看不到很多比赛的临场赔付率和临场的指数，当时在很迷茫的时候，我这个同事就告诉我说没有关系，我们可以使用这个初赔，或者使用初盘就可以，当时他跟我介绍说一个初赔和初盘代表着机构的一个最初的态度。而现在，我们经过很长时间的学习也可

以明确初盘和初赔的意义。

最初赔付率，就是我们可以看到每一个机构针对每场比赛都会在比赛之前在没有任何一种销售量干扰的情况下，只是根据这两个球队之间纯粹的实力对比，根据这两个球队之间纯粹状态的对比，也就是说根据这场比赛的基本面的情况开出了一个完全由基本面数据和信心带来的赔付率数据。这个数据就是初赔，初赔代表了两个球队最开始的纯粹的实力状态和机构基本取向。特别是当我们不了解两个球队真实的实力对比，不了解两个球队的历史情况和真实的实力高低的时候，其实看初赔会对我们有很大的帮助，因为初赔是最单纯的，是比较直接的。所以我经常会在节目和推荐当中反复跟大家说要充分地关注初赔的情况，要充分地关注初赔的数据。特别是当我们对一场比赛的基本情况不清楚的时候，初赔是一个特别好的判断基础和参照物。

掌握好初赔，也就掌握好了一场比赛最基础的实力关系和机构基本取向。

销售中的赔付率　销售中的赔付率，基本的意思就是一个比赛的过程当中它的赔付率指数会出现一些变化，这些变化的重要的原因是我在这本书中曾经跟大家反复介绍过的两大原因：一个是比赛场上的一些客观情况变化，比如说在比赛过程当中某些球员受伤，或者是出现红黄牌的情况，还有球员们即时的比赛数据，这客观的因素都会带来一个基本面的变化。这些基本面的变化会影响比赛过程中的赔付率变化，这是一个客观的因素。而另外一个非常大的因素则是销售量的问题，因为销售量的变化，在比赛过程当中，机构会根据销售量的变化而时刻根据动态调整赔付率。

比赛过程中的销售量会对机构造成影响，而机构必须随时调整。每一次调整都会带来赔付率上的变化，所以说我们在一场比赛的90分钟内会始终看到这些赔付率的数据在不断变化。这个变化其实跟赛前赔付率是一样的，主要就是受到了基本面跟销量这两方面的影响。这两方面的影响，对于销售中的赔付率来讲是非常关键的。很多人会关注这个销售中的赔付率变化，那么究竟它的意义在哪里？

销售中的赔付率变化，对于我们在复盘的时候，在重新分析这场比赛的时候会有很大的帮助。因为我们结合比赛的过程对照赔付率的变化，可以看到比赛的某个过程当中对应的赔付率变化。了解销售过程中的赔付率变化，到最后的时候可以帮助我们彻底了解一个重要的问题，就是很多同行业人或者其他彩票的投注者们的投注倾向。

收盘赔付率　收盘赔付率主要指一场比赛开始之前最后阶段机构开出来的赔付率数值。之所以这个数值非常的重要，是因为这个数值恰恰最准确地代表了整个彩民投注过程中所出现的一切情况。收盘赔付率的这些数据包括一切的基本面实力面、市场活动投注量、比赛新闻情况等。应该说这个收盘的赔付率是最重要的数据，我们所有人在竞猜当中所面对的最大的对手就是收盘赔付率。从竞彩来讲，在开盘过程中，收盘赔付率是一个非常重要的开盘参考数值，竞彩的操盘手经常会参考很多比赛的收盘赔付率。在开出一场新比赛的赔付率时，操盘手们会参考这两个球队之前所有的比赛的收盘赔付率，同时更加会关注这两个球队在历史交锋过程当中的收盘赔付率是多少。这两个数值将会是新比赛赔付率开出过程当中最有价值的参考赔付率数据。

所以，彩民在了解了机构会重视这个数据的时候，在分析比赛过程中，我们也要高度关注收盘赔付率。掌握好收盘赔付率的情况，会极大地帮助我们了解两个球队真实的实力和真实的情况对比，了解这两个球队在操盘机构和操盘手的眼中究竟是什么地位，了解彩民对于这两个球队的喜好情况和风险情况。

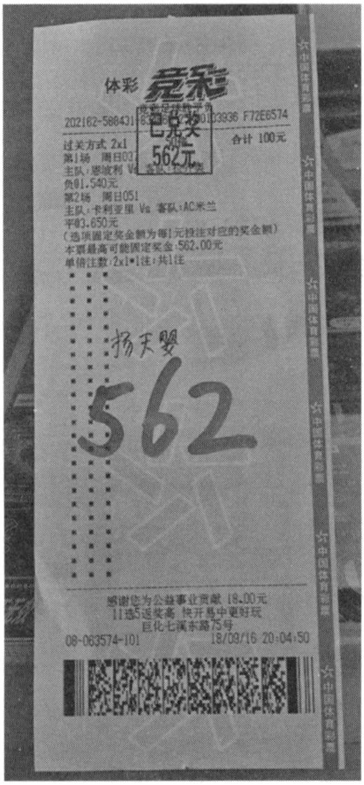

四、足球赔付率：赔付率变化是否有指向性?

这次我还是用在2018年9月16日当天，我在好彩频道节目中的推荐作为一个案例，这是一张投注100元、中奖562元的2串1彩票。总共推荐了“恩波利VS拉齐奥”和“卡利亚里 VS AC米兰”两场比赛，两场比赛都是单选命中，命中了拉齐奥的客场取胜，命中了AC米兰的平局。从这组串关的分析中，我为大家分享一下亚洲指数深浅的感受问题。

案例 恩波利VS拉齐奥

基本信息

恩波利当时排名联赛第9，球队状态相对出色，开局1胜1平1负，而球队的主场取得1胜的成绩，击败了卡利亚里。拉齐奥开局糟糕，只有1胜2负，输给了那不勒斯和尤文，主场战胜了弗洛西诺尼。从基本面的成绩看，恩波利明显处于上风。

赛前信息

“恩波利主帅曾在拉齐奥死敌效力”——恩波利主帅安德雷佐利此前曾长期在拉齐奥的死敌罗马效力，此番对阵苦主，安德雷佐利谈道：“这只是一场普通的联赛，我不想回顾以往的恩怨。”

“恩波利9次主场对阵拉齐奥拿下7胜”——联赛首战恩波利在自己的主场击败卡利亚里，最近两次客场作战，都以不胜告终。主帅安德雷佐利也直言想要保级，必须在主场争取拿分。值得一提的是，恩波利近9次主场对阵拉齐奥取得7胜2负的战绩。

“拉齐奥三名老伤号继续养伤”——拉齐奥后卫费利佩（1场）、小卢卡库和贝里沙三名老伤号尚处在最后的恢复中，无缘本场比赛。

“恩波利后防线受损严重”——后防线受到重创，后卫安东内利（3场）、帕斯夸尔（2场）、珀尔瓦尼以及前锋罗德里格斯四人此役休战。

“因莫比莱将创纪录续约”——过去的一个赛季，是属于因莫比莱的赛季，联赛、欧联杯、意大利杯多项赛事一共斩获41个进球。球队在与他续约的时候，考虑重新设定奖金标准。签约至2023年的同时，设定固定年薪300万欧元，另设奖金，每10个进球奖励10万欧元，若新赛季取得30个进球，因莫比莱将拿到30万欧元奖金。若球队进军欧冠，因莫比莱将再得到25万欧元。若上述条件都达到，因莫比莱总收入将突破350万欧元，成为洛蒂托时代年薪最高的球员。

从这些信息看，我们明显可以感受到，在两队的交锋中，恩波利占据了优势，几乎所有的信息都指向恩波利更加强劲。通过这些信息，我们可以感受到主队恩波利似乎在当前拥有更好的氛围和环境。

在综合了上述的基本面情况之后，我们可以分析出，在两队当前的比赛中，恩波利对阵拉齐奥，在近期状态上占据上风，同时又是主场比赛，应该具有非常大的优势。也许人们会去追拉齐奥反弹，但是究竟什么时候反弹是一个非常大的疑问。这场比赛从开盘角度讲，对于主队而言是可以实现让球的，然而……

亚洲指数让球

这场比赛的初值就是主队高赔付奖金受让半一，也就是说客队拉齐奥上来就让半一，这个指数的概念是，在客场本身在基本面处于完全下风的拉齐奥竟然上来就是客场让半一，而这个半一在两队的历史上也是较深的一个让球。更让人惊讶的是，后市的时候，部分机构的拉齐奥让球升到了一球，客队让球优势越来越大。

就像我们经常分析的，也是和大家讲述的自我开盘的方式，如果这场比赛我们自己按照此前的基本面和信息面的情况去开盘，我们最多可以给出拉齐奥的优势不超过平半，甚至给出平手。也就是说，按照正常标准看，平手或者客队让平半才是合理的空间。但是从自我开盘等平半或者平手，突然看到了机构给出的可让半一，就可以充分体会到客队受到支持，以及客队的优势所在。现在我们看到客队让半一或者一球，明显是非常深的指数，而且这个指数非常有指向性。

这就是所谓的让球深浅。让球深浅个人有个人的判断和想法，真正可以得出结论的还是要用自己开盘的思路去对照机构开盘，再得深浅，从而得出最终的判断。

第三章 如何看懂消息面

开盘最重要的部分，分为数据面和消息面，前面已经和大家分享了关于数据面的一些东西，这里专门有一章给大家讲讲消息面。

所谓消息面和大家平常炒股时遇到的那些满天飞的小道消息很像，有的时候很准，有的时候很扯，但是这些消息往往对彩民的影响非常大。

看待消息，首先要知道一点，就是消息的来源。

一、足球消息面：区分消息种类区别权重使用

自从有了足彩之后，关于足彩涉及球队的各类消息就一直很多，在纷繁复杂的各类消息中，我们可以把全部的消息种类分为两类——球队的基本面消息和球队的战意消息。

“球队基本面消息”，这从本质上讲，是硬性资讯，比如球队的伤病、停赛这样的新闻。从内容上看，这样的消息对于胜负有一定影响，但是在本书中也着重强调了，其实影响并不是很

大，很多球队的阵容足可以应付一般的伤病停赛问题。因此这类信息即便完全属实，其实对于比赛结果的影响也不是很大，除非是球队核心球员和顶级球星。

另外，还有一类消息，就是类似球队战意之类的偏软性的消息。战意虽然可以说是软性消息，但是战意对于比赛胜负的影响其实非常大，前文已经介绍了，战意高低是远超过基本面的。不过战意这类消息难度非常大，因为可以决定球队战意的往往是球队的核心管理层，而这类消息对于社会舆论和社会影响非常大，对于球队安排也影响很大，因此很多战意消息绝对难以轻易透露出来。这类战意信息，其实大都来自自我分析，根据球队实力状态和球队对于赛事的取舍。这类战意消息在这么多年来，能够得到真实的消息其实很难。

另外一个战意消息，更加集中在放水与否上。这类消息其实可以说，一句话就是一场比赛的生死，而且大部分彩民都很希望得到这类消息，这类消息也是彩民最追逐的。我后面会仔细地说说这类消息，这也是我所要说的重点。

二、足球消息面：我们得到的都是“二手消息”

这是一个让人很悲观的说法，但经过这么多年的体验和分析，这个说法很有可能是真的。

当年在足彩14场比赛中，曾经有过一个非常典型的案例，2005—2006赛季的第26轮比赛，拉齐奥当时对阵“紫百合”佛罗伦萨，而在这场比赛之后，拉齐奥就在第27轮比赛对阵罗马进行德比战。这场比赛在当时给大家的信息都来自所谓意大利媒体，意大利媒体给出的消息是，拉齐奥已经决定，对阵紫百合雪藏主力，本身紫百合战绩主场出色，就很难对付，与其跟紫百合在艰难的客场费心费力，还不如全力备战德比战。这个消息无论是从情理，还是从当时的实力对比来看，都合情合理，都非常让人信任，而且带着外国媒体和海外彩票公司来源的背书，因此当时非常让人信任。不过最终结果是拉齐奥客场2比1击败了紫百合，在随后的德比战中，拉齐奥输给罗马。这一切都跟当初的消息完全不同，结果也完全不同，当时我看到大范围的国内媒体在转发这个消息，包括我认识的很多球迷在内，也都被这个消息误读误判。

最重要的原因是，我们大部分人得到的消息都是“二手消息”，也就是很多的机构，特别是海外彩票机构故意经过包装和加工的消息，这类消息的指向性和目标性都是朝着错误的方向引导，让用户最终受到损失。而且，中国很多彩票媒体本身也是长期的以讹传讹，从海外获得消息之后，很少有人认真去调查消息的准确性，而是迅速发布，把经过被人处理过的二手消息变成所谓的核心信息，这就极大地影响了彩民的正确判断能力。

所以，我们未来遇到更多的信息、更多的资讯时，对这些信息和资讯还是要更多观察，特别是要注意资讯的导向。这个话题在下文会详细说明。

三、足球消息面：机构收获消息能力有多强

从上文的内容看，很多彩票机构对于信息的把控能力很强。但究竟有多强呢？大家可能有不同的理解。我以多年的经验，可以给大家讲一些故事，让大家了解一下其中的奥秘。

这里还需要强调一个核心问题，彩票机构开盘是会充分利用

杨天婴 V

3月27日 11:03 来自 微博 weibo.com

昨天在专栏里分析的5场欧洲国家队的欧洲杯预选赛比赛全对了，其中有一场比赛让人感叹足球的世界里，真的有很多神奇和无法言表的东西。就是瑞士对阵丹麦的比赛，这场比赛之前，我看双方数据瑞士肯定有非常巨大的优势，但是当时看到机构给出的指数只有半球，从基本面分析，这等于机构认为刨除主场因素，瑞士在实力上没有优势，这个完全不合常理，随后更意外的事情是主队的指数继续下降，从 半球到了平半，这个意味着主队在基本面上处于下风了，这个和所有的数据不一样，只能理解为机构得到了很多不利于主场的消息，结果比赛过程更是惊险，瑞士开局3比0了，一场绝对大胜收尾，然而最后的8分钟之内，丹麦连进3球，彻底把比赛杀死！最终的结果和机构给出的指数方向完全一样，而过程却惊险万分，我从来不是足球的怀疑者，我只是觉得，机构对于数据和信息的整理超过普通人太多。

图文无关啊，配图是告诉大家，我那本书交给出版社了，正在修改，封面准备用这个照片了，是不是显得特善良？ 收起全文 ^

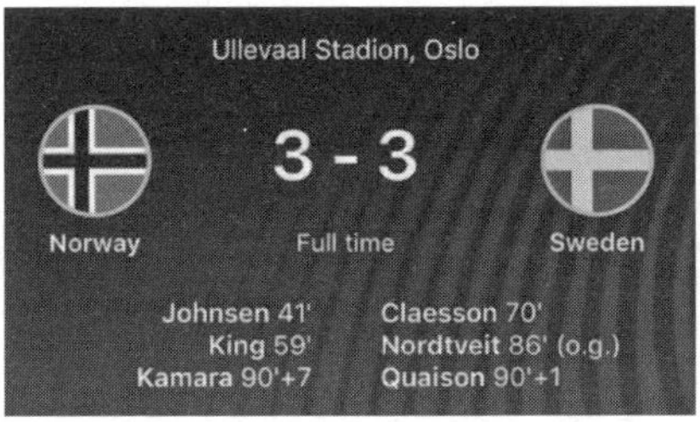

信息内容的，信心和数据是开盘的核心。

机构获得信息的能力有多强？我可以跟大家说，他们远远超过一般的体育媒体。很多大型的彩票机构都拥有庞大的信息采集能力，在很多俱乐部层面上都有信息提供者，因此他们会拥有足够多的比赛信息用来证明结果。有一个传说，就能证明彩票公司的信息收集能力有多强。2002年世界杯，大黑马塞内加尔成为很多机构的“天煞孤星”，因为一开始大家都没有关注他们，所以开局的大冷让机构受到损失。而之后的情况就大为变化，据悉很多彩票机构的信息员，已经可以监控到塞内加尔每个球员私自外出的夜生活情况，甚至当主教练安排家属和女朋友们来探营的时候，这些信息提供员可以监控到球员“夜生活”的频次和烈度。听着有点玄乎其玄，但是此后机构的确掌握了球队准确的信息情况，再也没有出现过问题。这个传说也体现了彩票机构强大的能力。下面本书会介绍操盘手段的不对称性，其中的信息采集能力就是最重要的一个环节。此外还可以讲一个故事，就是此前某一个赛季的中超，在倒数第二轮比赛中，出现了几场默契比赛的嫌疑问题，而更神奇的是，当时的外国彩票机构统统在赔付率上体现出了比赛发展方向，而且和最终的结果达到了惊人的一致，有些信息本来只在中国足球圈中传来传去，但是最终的比赛结果也被印证了，其中有巧合也体现了能力。

顺带说一说2019年3月27日的欧洲杯预选赛，瑞士和丹麦打成3比3的比赛，过程充满了意外和惊喜，我个人的微博就此发表了看法。

四、足球消息面：如何在与机构的消息对决上获胜

那么现在回到了核心问题，就是我们如何在信息上和机构进行对决。在本书中，我向大家反复介绍的，就是机构建立信息不对称，因此他们的优势是天然的，也是非常巨大的，不过作为彩民，依然有自己的办法。

本质上，任何有价值的资讯或者信息，最终都会体现在赔付率上，因为机构的盈利方式就是通过赔付率的调整达成主客两边奖金的平衡，从而保证自己不会亏损。所以无论他们拿到什么信息，最终都会量化为数字，我们还是要研究和对照赔付率的变化和走势，其中特别要关注的就是首发阵容的出现时间。理论上

操盘机构最为关注的就是首发名单，因为这个直接体现了基本面当中的实力对比和战术打法，所以大家可以多从海外足球信息渠道，特别是球队的官网和官网推特等渠道，关注首发名单，另外还可以建立自己的渠道。首发阵容出来之后，我们可以对照赔付率变化，通过人员变动观察赔付率变化，这个方式可能是最接近操盘机构的办法。

这里可以为大家介绍一个方式，如果大家愿意投入力量进行分析，或者愿意找到途径购买的话，大家其实可以得到一个非常好的渠道购买到相关数据。大家可以把一个球队的阵容，以球员为基础，对每个球员进行打分，有一些欧洲足球机构会对球员进行打分，这类的渠道非常多，大家积累了足够的打分数据之后，就可以整理出每个球队里的球员的权重问题，这样当球队阵容发生变化的时候就可以体现在数字变化上。这样的话，在看到首发的时候，就可以迅速针对首发名单调整自己的球队实力对比，这个尽管需要下一些功夫，但是本质上也是机构操盘手们用系统进行的工作。我们如果有这样的办法，也会最大限度地接近系统操盘手的工作方式。

在操盘手关注的数据一节里，我会详细向大家介绍，操盘手最关注的数据也是我们最需要研究的，以求达到和他们平衡的途径。

第四章 读懂操盘手的思想体系

一、读懂操盘手的思想体系：以一场比赛为例

彩民进行自我开盘的最终目的是为了方便与机构开出的让球指数进行对比，因此这种对比就需要掌握两方的思路和结论，再进行对照并发现问题，找到判断比赛的通路。

很多人都认为自己有自己的判断方式，但是不可忽视的是，依然有很多人无法实现中奖，或者中奖概率不大，这其中一个现实的问题是，你的分析判断思路是建立在自己的理解体系之内的，而我们购买的彩票本质上是购买的机构开出的指数，也就是说，我们的投资是投进了机构开出的价格体系之内，而如果我们不能按照机构开出让球和指数的思路去分析，而按照自己的分析习惯去分析，那就好比我们和机构的汽车开在两个不同的高速公路上，但是最终我们也无法追上机构的脚步。最合理的方式，就是充分理解机构的开盘思想和开盘体系，理解机构的思维模式，用机构的思维模式和开盘体系去重

新自我开盘，这样的话，我们就能够和机构以一样的思维模式进行比赛判断，在同一个轨道上进行“比赛”，这个时候，我们每个彩民自身对于比赛的理解、对于数据的理解、对于信息的量化掌握才能最终发挥效果，才能最终实现在统一轨道上的比拼。

我这里可以给大家列举一个案例进行分析，逐渐引导大家进入操盘手的分析思路和逻辑当中。

2018年8月27日周一的比赛，当时我在竞彩猫的好彩频道做节目，这期结果估计有几十万观众现场观看了，分析比赛的过程和推荐过程都是大家现场见证的，因此这里可以用这个公开的案例和大家分享。

当时首先做的就是挑比赛，当天有几十场比赛，实话说，当时的早场比赛我推荐的亚运会足球赛事已经红单了，但是当时我的心思已经集中在了深夜的欧洲比赛上。当天的单关比赛是曼联VS热刺，这场比赛无论从单关角度还是强队角度无疑都是当天热门，这场比赛在数据和信息上都有很多可以参考的资讯内容，可以最大限度地缩小我们和操盘手之间的信息不对称性。另外一场比赛，就是意甲联赛第2轮的最后一场比赛，罗马VS亚特兰大，这场比赛首先也是五大联赛中的强队，比赛的数据很多可以参考，同时作为意甲比赛，我在前一个赛季在北京电视台解说了一个赛季的意甲联赛，大量直观的赛事过程和赛前精心的赛事准备，让我对于意甲联赛球队的动态信息有很强的量化判断信心，同时对于球队的比赛状态有着很强的了解。所以，最终我选择了这两场比赛进行了分析推荐。

曼联和热刺

基本面数据

就像操盘手关注的数据一样，我们也关注这样本场的几个基本数据。首先是交锋战绩，从这个数据上，主场作战的曼联占据了非常大的优势，球队在最近5个主场当中几乎取得了全胜成绩。按照操盘手的数据使用，这个历史交锋将会占据非常重要的部分，这个数据对于最终导出让球有着重要的意义。从最近一次比赛的收盘价格看，2017年10月28日曼联主场初盘让半球，后市逐渐到了平半，最终曼联打出1比0的战绩，我们记着这个数字，在下面的分析中会用的。

但是我们从两个球队的近期状态看，曼联在本场比赛之前的两场比赛，分别是主场2比1击败了莱切斯特城、在客场2比3输给了布莱顿，在基本情况上，曼联是1胜1负。主胜客负看似尚可，但是按照操盘手的近期状态分析方式，我们会看到，曼联主场战胜的莱切斯特在上赛季表现低迷，本赛季也依然算不上强队，因此这次的主场取胜，其实含金量非常一般，难以称得上有参考价值。而球队输给的布莱顿就更是接近惨案，因为布莱顿是联赛中下游球队，从实力上看根本无法和曼联相比，故曼联客场惨败让人印象深刻。这次的客场败给布莱顿，如果看过转播的彩民会印象很深刻，曼联在比赛中表现非常散漫，球队注意力严重不集中，而且球队的斗志和求胜欲望严重不足，全场大部分时间处于被动，对手的很多反击都是在曼联的半场抢断成功之后打的反击，因此对于曼联的评价再度降低。

再看热刺的情况，热刺前两场比赛两胜，同样是一主一客，但是两场都是击败对手。其中客场2比1击败了“喜鹊”纽卡，从实力看纽卡当前排名比较靠后，属于实力较差的一个，但是熟悉英超的球迷和彩民都知道，喜鹊的主场非常难打，传统上圣詹姆斯公园不怕任何对手，所以热刺这个客场击败对手纽卡，足够硬朗也很有说服力。第二场比赛是主场3比1战胜了富勒姆，富勒姆也是伦敦球队，这是一场难度不小的伦敦德比，而且本赛季的富勒姆可谓花费巨大、投入不小，整体实力有了明显提升，但是热刺依然在主场3比1击败对手，取得了非常让人信服的胜利。可以说，从比赛的过程看，热刺的两场比赛的胜利，非常有质量而且经得起考量。

从这个基本面看，应该说热刺的基本面占据更大优势，球队近期的状态要比曼联更好，这是一个虽然让很多球迷和彩民很难接受，但是大家很可能都已经隐约感受到了的事实。

信息面

这两个球队都是英超热门球队，因此他们的消息面非常多，这里面需要大家集合自己的判断，从消息面中得出自己的结论。

• 曼联方面：

（1）《每日邮报》的消息称，曼联高层意识到与穆里尼奥之间存在一些问题，但是相信球队执行副主席伍德沃德能够解决问题。伍德沃德已经采取了一些措施来提升球队内部关系，不过他还有很多任务要做，包括聘请一位专业的足球总监。

（2）在推特上的消息是：在曼联输给布莱顿的比赛结束后，曼联名宿斯科尔斯批评了博格巴的表现并表示球队缺少领袖。博格巴的经纪人拉伊奥拉对此事做出了回击。拉伊奥拉在个人社交账号上连发两条言论："有些人总是要乱说话，因为他们害怕被遗忘。就算丘吉尔站在面前，斯科尔斯也不会把他当领袖。""斯科尔斯应该成为体育总监，然后建议伍德沃德卖掉博格巴。给博格巴找新俱乐部注定是一些不眠夜。"

（3）《卫报》表示，尽管上周末曼联2比3不敌布莱顿，但是穆里尼奥仍然得到了曼联高层的全力支持。曼联也否认了球队将齐达内视为顶替穆里尼奥潜在人选的传闻。曼联内部消息人士接受采访时说："现在又没有职位空缺，为什么我们要讨论齐达内？"

（4）《曼彻斯特晚报》记者赛伦·凯利称，原本在看台上观战的曼联CEO伍德沃德冲进入了曼联的更衣室。他在更衣室里停留了大约5分钟，此后一边用手机发着短信，一边离开了更衣室。他没有与穆里尼奥见面，因为当时后者正在接受采访，伍德沃德没有等他回来就先行离开了。此外据凯利称，在与布莱顿的比赛结束后，只有林加德、卢克·肖、拉什福德和林德洛夫4人还记得向看台上远征客场的曼联球迷鼓掌致谢。而场边的卡里克和拉佩蒂等人都陷入了震惊的情绪中，在边线上一动不动地站着。

（5）《镜报》透露，马蒂奇和瓦伦西亚已经恢复全额训练，复出在即。上个月早些时候，马蒂奇和瓦伦西亚受到伤病困扰，无奈缺席了曼联的美国季前赛，下周一对阵热刺的比赛，这两人就有望回归。此外，罗霍和达洛特也接近复出，这两人都在社交网站上表示，他们很快就会复出。在上述几位球员全部复出后，穆里尼奥才能手握完整阵容。

这些是很多海外媒体和中国媒体报道的曼联队的消息，这些消息也基本都在操盘手的掌握之中。从这些媒体的消息中，我们可以判断：首先曼联是当前身处水深火热当中，球队当前的确是处于输球之后的漩涡当中。目前球队关系混乱，球员中存在较大的伤病问题，而且核心球员如博格巴这样的上亿身价的球星，在俱乐部最困难的时刻，依然任由经纪人发声，不是为球队说话，而是为了球星个人，甚至在这个时候再次提起球员转会问题。而我们知道，一个团结的球队在这样的时期往往听不到经纪人的污言碎语，而只会听到核心球员站出来维护球队的声音，然而这些我们并没有在曼联身上看到。另外球员和教练之间存在着问题，穆里尼奥最成功的时代显著的标签就是极力维护球员，他无论是在切尔西（第一次）还是在国际米兰，都会把媒体的火力和关注度吸引到自己身上，而保护球员免受干扰，然而在这段时间之内，我观察穆里尼奥的任何一次采访，都只看到了疲惫和焦躁，他从球员身上感受不到支持，也无法给球员更多的信任和保护。最严重的就是俱乐部和穆里尼奥之间的矛盾，每次看到俱乐部声称没有换帅计划的时候，否认换帅的时候，其实都是无风不起浪，背后都已经进行了很多的运作和工作，每一个否定的背后其实都是一次次的警告。这种压力穆里尼奥也知道，他手下的球员也知道，当然我还是没有看到有球员像当年在国际米兰一样站出来支持穆帅。

通过这些消息面的分析，我们可以清晰地感觉到一种氛围，就是穆帅现在处于一个非常难受的氛围之中，其实即便是去年他也存在这样的困难，只不过今年被放大了。而如果你熟悉穆帅的历史就会知道，他带领球队所向无敌的时候，一定是他可以最大限度团结周围一切人的时候，俱乐部管理层、媒体和球员、球迷都站在他的一边，那个时候的穆帅异常强大，经常可以赢得超过自身实力很多的比赛。他的球队更多在依靠着士气和精神在比赛，而一旦这种士气和精神消失，他就会把问题搞得越来越混乱，越来越麻烦。所以当前的曼联基本面，让我在赛前就已经非常看低曼联。

• 热刺方面：

（1）《每日镜报》报道，在老特拉福德球场和酋长球场，波切蒂诺从来没赢过球。热刺对阵曼联的客场战绩非常糟糕，在过去的29年里，热刺只赢过2次，其中一次是在2012年的9月，当时的热刺主帅还是博阿斯，之后的一次胜利是由舍伍德率队。波切蒂诺表示：“你认为仅仅是球员在那输了吗？当球队输球的时候，第一个输的是我。当我们赢球时，有很多是发生在我之前。但是当你输球时，作为教练的感受是非常差的。”“就像你在玩游戏时会说，‘我选择这个球员’或者‘我将以那样的方式去踢’。如果我输了，你会说这是我的责任，不是吗？当你输球时，总是会感受到责任感。我是教练，永远需要承担责任，我的想法一直是‘你可以做得更好’。”

（2）《每日镜报》报道，上赛季结束后，波切蒂诺本可以很轻易地向皇马或者切尔西说“Yes”，他本可以表示自己已经把热刺带得足够远了。但是波切蒂诺选择留在热刺。

目前，热刺俱乐部的情况对波切蒂诺的忠诚度是个很大的考验。夏季没有任何引援，边缘球员过得不愉快，加上新球场的混乱，都让热刺举步维艰。热刺主席列维需要感谢一下积极的波切蒂诺。

波切蒂诺表示：“我非常感激俱乐部、球迷和列维。当你正处在一个困难的境地时，这种时刻你需要展示出你在那。当一切都很好时，这很容易，但是当寒冬到来，逃跑就太容易了。”

“我想在最前线去战斗，努力和各种环境抗争，因此今天我选择留在俱乐部。我感到自己在这是有责任的，因此我决定留下。我很开心，并认为热刺给了我们很多，这是我们要一直感激的。”

（3）《每日邮报》报道，热刺主帅波切蒂诺确认洛里会继续担任球队的队长。上周，热刺队长洛里由于酒驾被警方逮捕，他因此缺席了周五的训练。昨晚与曼联一役，洛里首发登场并担任球队队长，帮助球队3比0取胜。之前有传言称洛里可能会被剥夺队长袖标，但主帅波切蒂诺表示法国国脚仍然会是热刺的队长。

从热刺的新闻看，我认为每一个看完的球迷和彩民都会感觉到一种力量，就是这个同样面临压力下的球员，正在用团结和努力度过危机，而且球队的灵魂人物就是他们的主帅波切蒂诺，他在这个时候的表现让球队球员和球迷都感受到了力量，对于俱乐部的稳定而言也是非常重要的。

不得不说的是，在赛前的新闻发布会上，我听到波切蒂诺的发言铿锵有力，在客场挑战堪称克星的曼联时，波切蒂诺表现出了十足的信心。可以想象，年轻的热刺在这个氛围之下，会打出什么样的比赛。

在曼联和热刺两个球队消息面的对比之后，我们更可以感受到从求胜欲望上看，两队都需要胜利，但是显然曼联的队内氛围对于争取胜利毫无帮助，相反热刺的氛围会让每个球员更有战斗力、更加团结。

操盘手也会看到这样的信息，在下面的文章中，我们会逐渐给大家介绍操盘手们如何分析判断使用信息。每个人面对相同的信息时，如何估量信息的价值，如何判断信息的轻重缓急，都表现出能力的高下，都是中奖与否的关键。

这里建议大家在判断信息时，还是要更多看比赛。如果你看过很多穆里尼奥的比赛，就会知道他的球队对于氛围和环境的要求有多高；而如果你看过热刺的比赛，了解热刺此前成功和失败的原因，就会知道这些年轻的球员在什么时候会无所畏惧。

赔付率

这场比赛的亚洲指数是非常具有指向性的，之所以这么说，是因为这是我的一个非常爱用的判断方式，这里可以和大家分享。

关于赔付率，关于欧洲指数或者是亚洲指数，都有一个很本质的东西，就是这些东西都是动态的，没有任何一个赔付率、任何一个亚洲指数是可以拿来参考其他赛事的。因为每场比赛的数据数值都是针对特定的这场比赛的，而且每场比赛所面对的市场资金投注量也不一样，每场比赛所面临的机构营销策略也不一样（这个问题后面会有介绍），所以数值很难拿来给所有比赛做参考，很难给某场特定的比赛做参考。

但是，我们为什么还依然拿亚洲指数这样的指数来做参考呢？这就是本书一直在强调的，我们是要通过亚洲指数的变化，了解操盘手的风格和手段，反过来通过这种方式来分析对比。

回到英超这场比赛，曼联VS热刺，我们从赔付率指数角度进行一次分析。

这场比赛的亚洲指数给出的初盘较为分散，但是基本上都是主场让球，有给出中高水位让平半，也有超高水位的半球。可以说这个初盘给出的较低，但是非常符合实力面的比较，之所以这么说，就是从实力上看。我们已经进行大篇幅的介绍，从实力的对比上看，曼联的优势已经非常微弱，无论是数据还是信息上，曼联都没有绝对优势可言。但是曼联又具备了主场的因素，因此如果我没有看到亚洲指数之前，我的判断也基本上集中在曼联利用主场优势会有平半到半球的微弱让球优势。我们在前文提到过，主场因素大约等于半球，从这个让球看，也就是说如果从单独的实力看，曼联甚至可能在实力和状态上和热刺相比还有所欠缺。

所以，我们可以说，在看到亚洲指数之前，我们自己根据对于实力的判断和信息的掌握，也基本可以给出主队让平半到半球的让球，而此次机构给出的指数也在这个范围之内，那么可以认定我们对于基本面的判断和机构相似，机构也不认可曼联有太大的实力和状态优势，也就是说我们的自我开盘的第一步基本实现，而且和机构开盘接近。

之后我们再观察后市指数，也就是销售之后的指数变化。在之前我们曾经向大家介绍，初盘代表了机构对于本场比赛的基本判断，来自于数据和信息以及销售策略，那么后市指数变化则代表了机构受注情况，代表了彩民们的投注倾向，以及突发新闻的情况。

曼联VS热刺这场比赛的后市变化呈现鲜明的特色，就是从曼联的初盘让球，滑落到了曼联中水让平手，也就是曼联早期还具有的让球优势一下子都消失了。这意味着两个事情：第一种可能，很多的彩民都对曼联没有信心，大量投注走向了客队热刺，导致机构为了调平风险，只能降低曼联的让球，结果曼联的让球从半球和平半走向了平手。如果是这个结论，那么可以影响到机构的资金量绝对不小，至少在百万级别。我们要承认一点，世界上有很多高手，所以这些资金投注在热刺身上，绝对不是浪费，也绝对不是盲目投资，这些投注者必然有他们的考量，甚至更有他们的信息渠道和判断。第二种可能，也就是在本场比赛的基本面上发生了重要的变化，比如球队的训练状态，或者是核心球员伤病问题，这些信息渠道可能我们并不是很清楚，但是我们要承认的是，机构在这些方面一定会比我们强，所以这些改变必然是有利热刺的消息出现。

在初盘和我的判断接近之后，关注到后市变化，我们应该注意到从基本面看，本身就不是很利于主队曼联，而后市的销售，更是给曼联带来了更大不利。在自我开盘之后，观察到了机构的让球降低，也就可以判断主队优势进一步下降。这个时候，我们会发现，用自我开盘的角度回头再看，机构的初盘和后市指数都可以在基本面上得到印证和确认，都符合基本面可能发展的方向而不是相反，因此我们可以鉴定自我开盘的判断，曼联本场主场就是存在不胜的机会。

最终结果

最终本场比赛打出曼联主场0比3的结果，可谓是一场大败惨败。最终的结果和基本面对照，比实际的基本面更惨烈一些，和赔付率对照，也符合赔付率的初盘和走势。

很多人管这个叫剧本，完全是一副天意悠悠、命中注定的样子，其实这样的比赛，任何人作假的难度都很大，比赛丝毫不意外，比赛也丝毫不奇怪，最终的比赛结果就是在我们上面的分析中一点点推导出来的。当然，这不会是每次百分百命中，那就不是彩票而是神棍了，但是上述分析方法却是我一直坚持的。

二、读懂操盘手的思想体系：操盘手关注的数据

这部分内容，可能是值得大家反复多看几次的。因为本书的核心观点就是从操盘手的角度自我开盘，对照机构赔付率，找到机构赔付率的高低深浅，从而发现比赛真实方向和投注角度，所以了解操盘手的思想可能是最关键的，而操盘手最关注的数据则是一切的基础。

足球数据很多，要想达到最大限度地接近操盘手的操盘理念，最好的办法就是接近他们的数据，关注他们关注的数据，了解他们关注的重点，才可以最大限度地用最小的成本，达成最大的收获。

在和国际、国内和香港多个机构的专业操盘手进行了几年的深入交流和学习之后，我逐渐了解了欧洲风格和亚洲风格的操盘理念和技巧，也对他们关注的数据有了很多了解。本书将为大家介绍他们最为关注的信息和数据。

按照重要程度，我把操盘手最关注的数据，以重要程度排序，为大家介绍。

（一）过往赛季的收盘赔付率和赛果

这里主要强调的是收盘赔付率。大家知道，比赛开始之前，根据基本数据和消息面情况，机构开出的赔付率是开盘赔付率，也就是初始赔付率，对于这个赔付率很多彩民用户并不是特别重视。这里要提醒大家的是，开盘赔付率其实是机构综合了开盘前所有信息点，根据自己的盈利要求和市场情况，给出的最初

的赔付率，这个赔付率基本上代表了机构的态度，对于比赛的走向有着很强的指导性。而在最终比赛开始之前，我们会经历一系列的赔付率变化，而在比赛开始之前最后的赔付率就是收盘赔付率，这个赔付率反映了几乎全部赛前的信息、数据、新闻、市场资金投注量、彩民的心理走势等因素，所以，这个赔付率是最准确、最基本的一个表示。

过往赛季的收盘赔付率，按照大部分操盘手的习惯，基本会参照最近3个赛季来的收盘赔付率，用这个赔付率和最终的赛果对照，也就是用机构给出的赔付率和真实赛果进行对比。通过对比我们会发现，机构对于这两个球队之间比赛的判断准确程度，其实其中可以有差别，有差别没有关系，因为差别代表了实力之外的因素，而这个因素同样值得重视。而且，如果我们在历史上的收盘赔付率和结果之间可以找到惯性联系，则可以极大地提升中奖几率。

（二）上一轮的收盘赔付率和赛果

这里强调的是重点参考。前文介绍了收盘赔付率的概念，而作为操盘手们，在开出本场比赛之前，会重点参考上一次交锋的收盘赔付率和赛果对照成绩，因为在时间上，上次交锋的收盘赔付率和赛果更加接近今天比赛的情况，更加接近当下的两队实力和市场情况。

对于操盘手而言，上一轮的收盘赔付率和赛果，是作为进一步参考的重要依据。所以，彩民在分析比赛时，可以重点参考上一次两队交锋时的收盘赔付率和赛果，分析操盘手开盘的角度和态度，以及分析赔付率和实际赛果之间的差距，找出走势依据。

（三）关键球员的状态和伤病情况

这个是在前文的基本面分析中着重介绍过的。比赛是由球员踢的，因此球员的情况是操盘手关注的基本面信息。这里可以和大家再强调一下，考虑到比赛之前大量的各类状态和伤病消息，其中很多并不准确和不能确认，因此操盘手最关注的就是临场比赛开始之前的出场名单。首发名单和替补名单出现之后，很多机构的赔付率会出现一些调整，这个时候其实是最准确、最代表机构态度的赔付率。

彩民在搜集信息时，关注首发名单非常重要，但是关注首发名单的本质是关注球队实力，因此基础还是必须要了解球队的实力，了解球员的能力和特点，了解球队的战术风格，以及球员在战术中的作用。没有这些知识储备，即便拿到了首发名单，也无法找到操盘手开盘和调整盘的思路。

（四）主队的主场优势

我在节目里和大家分享过很多信息和知识点，其中一个非常关键的就是主场优势量化到赔付率和让球里到底是多少。按照一般亚洲操盘手的理念，主场大概相当于半个球的优势。在足球竞猜中，半个球的分量大家可能都很清楚，半个球已经有了至少立于不败之地的可能，所以主场优势非常关键。

这里说的主场优势，是关注主场优势的特点，大家可以按照操盘手分析主场优势的特点，把此次主场球队此前的主场对手拆分成不等档次的球队，比如这个球队和联赛争冠集团主场比赛的成绩，和联赛中游集团的主场成绩，和联赛保级集团的主场成绩。这才是有价值的分析方式，而不是简单粗暴地一概而论，只拿主场总成绩作为分析依据。

（五）球员的心态

这里的球员心态，指的是可以通过赛程赛果分析得出的心态。比如球队在赛季末期面临的保级和争冠情况，与此同时可以通过海外新闻渠道得到球队对于比赛前景的判断和想法，在结合这两点之后，可以得到球队的心态判断。这个时候，我们可以把球队在争冠和保级上的欲望，加入到开盘当中去。

这里面有一个核心问题，也是考验大家水平高低、操盘能力强弱的核心问题，就是如何把这些信息量化成数据。从技术上讲，这就是每个人不同的水平和不同的实力体现。有的人开盘准，有的人中奖多，往往就是把这些信息量化成数据加权的能力不同。

（六）联赛相关特征

联赛特征可能是最容易被大家忽视的部分，大家容易在分析比赛中陷入局部，也就是陷入个别比赛或者个别轮次当中，而忽视了联赛整体特征。

所谓联赛特征，就是指某个联赛在这个赛季或者这几个赛季的特点，比如赛季主场胜率较高，比如赛季平局较多，比如赛季经常打出大球比赛，比如赛季里周中比赛容易出冷等，这些都是联赛相关特征的表现。

了解联赛特征，就可以在分析比赛时，借鉴这一趋势和特点，把这些特征加入每场比赛的分析中去（不要只陷入个别场次当中），这样对于判断比赛有很大帮助，这也是从宏观上为正确判断比赛加权。

三、读懂操盘手的思想体系：操盘手关注的信息

在前文，我向大家介绍了关于足彩信息的基本情况。在操盘手的判断逻辑上，信息是和数据一样重要的开盘因素，但是信息同样种类繁多。前文已经为大家介绍了信息的种类和不同，这里重点讲述信息对于操盘的意义，希望大家可以在自我开盘的过程中，充分分析和利用信息。

操盘手在开盘的过程里，会把信息因素加进去，就像前面说的，每个操盘手的判断不同，因为他们各自的能力不同，以及思考方式不同，因此同样的信息在不同操盘手的眼中价值不同。这个问题也会在自我开盘的过程中出现，我们每个人对于足球的认知不同，就会出现相同的信息但结果不一样的情况。

一般赛前会有很多的消息，但是绝大部分的消息并不会对开盘产生影响，除非是绝对渠道得到的消息，特别是战意和阵容类的这些可以量化的消息。基本上很多操盘手会排除杂乱信息的干扰，把注意力集中在关键数据和绝对渠道的信息上。

操盘手最重视的信息，也是本书里向大家反复介绍的，

就是临场首发阵容，每当这个信息出现时往往都意味着调盘的开始。我们也可以充分观察首发阵容，首先看阵容名单，关注核心球员的出场情况，确定阵容的含金量和质量如何，其次通过关注出场名单，分析首发阵容，在阵容的分析中可以充分得到本场比赛的球队战意情况。

在我们从初盘到看临场盘的时候，这个漫长的过程可能只有一到两天的时间，期间可能让球和水位奖金赔付都在发生变化，其中重要因素之一就是信息。如果在这个过程里操盘手得到了核心信息的情况，也会及时调整，这个消息叫“突发新闻”。当然还是那个观点，突发新闻并不是都会被判断进入开盘当中，只有经过确认的真实信息且有明显影响比赛胜负的才会被加入其中。

所以，对于我们而言，在自我开盘的过程里，也要学会充分分析和有选择性地使用信息。有些信息是具有决定性的，有些信息是没有价值的。

其实，和每一个操盘手一样，我们对于信息的理解和判断，也大都来自我们对于足球的理解和判断。对于足球理解的深浅，决定同样的信息你如何使用、如何判断权重。

四、机构开盘的逻辑过程

机构的开盘模式一直是大家非常关注的话题。在此之前我曾经在节目里和大家进行过分享，当时由于节目的时间问题，我只是简单介绍了一下，这里可以有充分的机会和大家分享亚洲体系之下的开盘模式是什么样子，了解在亚洲体系之下机构的运作方式。通过对这些运作方式的了解，可以帮助我们在很多时候掌握机构的想法，很多时候可以对机构为什么开出这样的指数、为什么开出那样的指数，或者是对机构会不会“诱盘”、会不会故意“设套”这样的问题都可以逐渐判断，也可以给大家一个对等了解竞争对手的机会。

一个指数，是如何开出来的？

（一）初级操盘手开盘

在大部分公司机构里，都会把操盘手的体系进行分级，根据每个操盘手的年龄、级别、能力和职位进行区分。一般刚刚进入机构的年轻人经过培训之后，会成为初级操盘手，从名称上看出来，他们属于这个体系中最开始的部分，也属于这个体系里最基础的部分。

在业务范畴中，基础的工作主要由这些初级操盘手进行，他们会参与到机构在赛季前对于每个球队的权重判断中，也会参与到系统开盘的过程中。我们之前所说的，操盘手利用掌握的比赛数据、比赛信息进行开盘的系列工作，就是由他们负责。不过对于他们而言，只是负责具体的业务，那些比赛的开盘之后的问题，就不归他们负责了。

（二）高级操盘手定盘

这个工作可能是在很多时候较为重要的一个环节，因为他们的工作是初级操盘手“开盘”之后的“定盘”工作，从字面上我们就可以基本理解这里的意思，所谓“定盘”的意思就是对于初级操盘手根据系统开出的指数进行最终的确认和核实。这里必须说明的是，在亚洲的开盘体系之内，很多机构比较重视人为的因素，也就是人的判断能力。定盘的核心是由经验更加丰富的高级操盘手进行，他们会把初级操盘手提供的比赛指数进行核对和判断，大部分时间里这都没有什么变化，但是依然会有很多关键场次的变动，这就是我跟大家说的，相同的数据、相同的信息，但是不同的人会有不同的感觉和判断，会有不同的理解和思路，经验更加丰富的操盘手会对其中某些比赛的指数进行修订，让它们更符合实际情况、更加准确。

（三）最关键的步骤——放盘

可能这个放盘是最难理解的部分。在一开始大家看到这个词都会想到放盘就是把开出来的指数放出去，但是说起来很简单，其实做起来要难得多。从商业的角度看，这个步骤的难度甚至要大于其他的环节。因为在高级操盘手最终确定了比赛的指数开盘之后，机构还要从业务范畴之外进行考量，比如当前的市场情况，比如当前的竞争对手的情况，比如当前彩民的氛围，最重要的也是考虑当前自身公司的经济状况。比如，在市场当中，竞争不可避免，但是当对手的竞争势头很强的时候，自己这个指数放到市场上是否有说服力，是否有吸引力。同时也要看到，自己公司当前的市场情况，比如自己公司当前是不是在进行市场营销，是不是需要为彩民“放水”，让彩民挣到更多的钱，或者是不是当前处于“收水”状态，当前的压力下是否需要降低风险。这样的问题并不是操盘手们考虑的范畴，而是更高级别的公司整体运营角度考虑的问题，在这个角度上，才会进行统一的协调。最终我们在市场上看到的指数和奖金，其实是这个判断之后做出的。

这个过程，也使我们看到，很多时候尽管只是一场比赛，但是依然会有很多不同的初盘奖金、不同的指数，甚至有的时候让球也不尽相同。正是因为不同的机构之间的差别，才会给大家带来无尽的想象空间。我们充分理解了这个环节，也就基本理解了如此多比赛但奖金指数却大不一样的原因。

（四）在市场中寻找位置——比盘

比盘的意思就是操盘机构在把自己开出的指数放到市场上之后，会关注市场上其他公司所开出的指数情况，再根据这些指数的情况进行一个横向的对比，就是拿他们自己的指数跟别的公司的指数进行对比。在对比的过程当中，他们会发现别的公司的指数有没有问题，别的公司的指数跟自己的是相同还是不同，无论是否相同，都很值得这些公司去考虑。

在比盘的过程当中很多的机构会发现自己的指数开出可能跟别的公司一样，大家也经常会觉得为什么很多公司的指数是一样的，其实很重要的原因就是很多机构开盘的方式是一样的，数据是一样的，信息比较接近，所以最终的结果也不会反差很大。而另外一个比较重要的原因，就是市场上一般的公司轻易不会开出跟绝大多数同行不一样的指数，这主要是因为大家都比较担心自己的判断会出现问题，或者是比较担心市场上有自己不知道的情况。而一旦自己开出的这个指数跟别人不一样，就有可能遭到别的这些机构的砸盘。

由于担心对手的砸盘，所以说很多的机构会尽量采取跟大家一样的做法。而不一样的情况，偶尔我们会看到，比如说我们此前曾经看到中国竞彩有一些时候会出现和社会公司机构开出的指数相反的情况，这个时候我们大家就要去分析。他们能够开出不一样的指数，而且这是经过了跟市场上的同行进行过对比之后，再放出来依然不一样，那么一定是他们得出的结论或者是他们得出的数据跟别人是不一样的。这些很不一样的数据和很不一样的情况，非常值得我们大家去关注。

第五章
如何自我开盘

一、如何自我开盘：自我开盘的案例

在这里，可以给大家举例，也是我在节目实单命中的一次2串1，当时的比赛是2017—2018赛季英格兰足总杯决赛——曼联和切尔西在温布利进行。这场比赛对于我而言，可能是跟大家举例最有意思的一场，因为两队都是一样的求胜欲望，两队都是接近水平，两队都有机会。当时无论是节目里，还是很多平台上，绝大部分人都认为曼联会是最后胜利者，各种理由都有，比如曼联不会四大皆空（某网站的新闻标题，最后就是四大皆空）等理由。接下来，我就会拿这场比赛为大家举例。

首先，我们还是抛开想象，抛开玄学，把心思放在基本面和赔付率面的对比上。这也是我向大家提出的分析比赛的基础所在，就是所有的比赛推荐和分析，都是用你自己的基本面知识，去推导出自己的赔付率，然后再去和机构的赔付率进行比较，比较高低深浅，然后得出判断：彩票公司如此开盘的原因是什么？方向是什么？

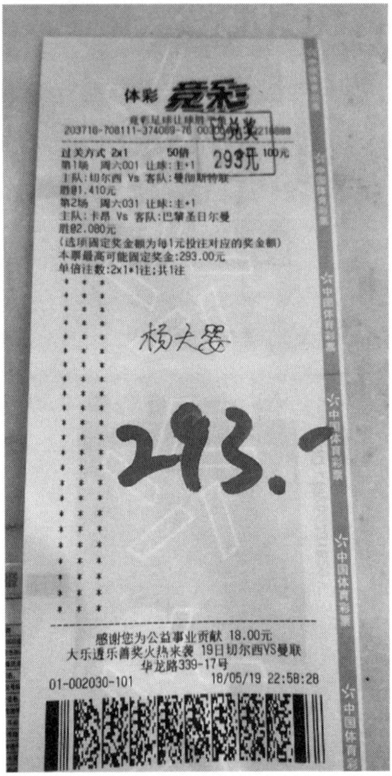

比如这场比赛，因为我非常熟悉两个球队的基本面情况，所以我很清楚地知道，近期切尔西的状态其实正处于最好的阶段。当时我说这个话的时候，遭到直播用户反对，我知道他们反对的意思是最近两场比赛切尔西都没有取胜，为什么还说状态好。我觉得这个就是看得懂足球和看不懂足球的差别。

（一）战意

那两场比赛其实切尔西已经明显在为足总杯留力，从比赛过程看切尔西投入明显不足，而且更重要的是在此之前切尔西经历了一系列的失败，而随后的反弹是非常有力的，球队从球员到教练组都闭上了嘴巴，把劲使在了球场上，这点从赛前采访和球员表态上都可以看出来。而我当时说曼联的状态不好，核心问题是曼联尽管防守不错，但是球队的求胜欲望和战斗欲望明显降低，此前比赛前多次出现（包括穆里尼奥都表示）球队部分球员存在分心世界杯、球队怕受伤等问题。从这个角度看，曼联在基本面当中的战意上没有优势。

（二）实力

本场比赛，曼联方的主力前锋卢卡库因伤出场可能不大，最后的比赛的确没有出场，而卢卡库被穆里尼奥认为是球队唯一可以管用的前锋，他的缺席最终极大地影响了曼联的进攻能力和得分能力，也最终是曼联输球的关键。如果你看过此前曼联的比赛，就知道赛事只进了9球的马夏尔之流根本不是球队的支柱，而卢卡库的缺席才是实力因素上真正的大问题。

另外从阵容上讲，切尔西轮换了很多人，因此本场比赛出场的阿隆索（33场7球）、威廉（36场6球）、法布雷加斯（34场2球）、佩德罗都在此前得到了休息。

这个一上一下，两个实力上的对比，已经可以给大家带来直观感觉。

（三）判断

从实力看，曼联有微弱优势。从开盘的角度看，开盘关注的是两队交锋战绩、两队近期战绩、两队对比同类球队的胜负关系，因此从这些硬数据上看，曼联显然更加有优势，因为他们在积分排名和交锋战绩上都有优势。也就是说，至少在亚洲指数上，本场曼联要让切尔西平半才是最合理的情况。而这个时候的判断，就是用操盘手的开盘思想去分析比赛。

但是实际情况是，本场比赛亚洲指数只给出了平手，而且水位曼联逐渐增加，也就是说曼联明显让球偏浅。我们坚信一点的是，机构在信息和渠道上，肯定有足够的优势才能生存，因此这个平手的出现是有足够基本面背景支持的，而且从我们的基本面分析看，也的确有这个信息。因此我们可以认定本场在亚洲指数正确的情况下，曼联本质上对阵切尔西就是没有优势，而在这个没有优势的情况下，竞彩给出切尔西受让，因此这个选择非常简单，就是切尔西受让胜。

（四）结果

最终，切尔西1比0……

简单吗？其实从我一直给大家的分析思路看，就是这么一步步推导来的结果。

二、如何自我开盘：自我开盘的逻辑图

我们这本书从最早开始，一步步地为大家讲到这里，大家应该对于这个思维逻辑已经有了足够的了解。在慢慢的熟悉过程中，我们就可以实现自我开盘，并且通过自我开盘的办法，最大限度地接近体育竞猜的最终答案。

用户
使用相同数据 + 相同信息
+ 相同方法
↓
彩民自我开盘
↓
彩民自我指数

机构
操盘手数据 + 操盘手信息
+ 操盘手开盘手法
↓
操盘手开盘
↓
比赛指数

→ 对比 ←
↓
判断深浅
↓
结合当前竞彩放水情况
↓
结论

三、自我开盘的第一步：了解机构的开盘手法

全世界大部分的机构开盘方式基本相同，这个可以通过很多历史经验和相关专业人员的经历与大家分享。

首先，我们知道几乎全世界全部的指数都来自数据，也就是说数据是一切开盘的基础。世界足球和彩票之间有着无穷的联系，大部分足球的结果都成为了未来开盘的基础。为了更好地利用数据，充分发挥数据的作用，把数据的作用按照级数也就是权重不同进行区分，操盘机构建立了开盘模型。所谓开盘模型，就是一个将数据量化成可以对比参考的实际结果，在这个过程中，这个模型可以从纷繁复杂的数据中精选出最有价值的数据，从海量的数据中抓取特定有价值的数据。所谓价值，就是在操盘手的判断中对于比赛结果有着直接影响力的数据。同时在选出数据之后，也会对数据的权重进行设置，不同数据的权重不同，表达出来的作用也不同，权重越重的数据，越会在影响比赛的判断上起到关键作用。

在模型中充填了数据之后，一个基本的开盘机构就出现了，随后就是足球信息的加入，这也是最难的一部分。比如我们前文经常说的，同样的足球信息是否够可信、是否被采用、被采用多少、可以有多少价值，其实每个操盘手的看法都是不同的，因此这里更加凸显操盘手的经验和风格。在数据、模型、信息三者全部到位之后，可以完整呈现出一个开盘的基本轮廓。

在简单地介绍了开盘的基本过程之后，我们可以发现，在这其中有很多非常主观的东西，比如从模型的设置、模型的结构到

模型的呈现方式，都是充满主观因素，不同的机构模型的设置自然也不相同，这就是模型设计人员的自我想法。同时，同一场比赛的足球数据是海量的，所有的机构拿到的数据也基本相同，一个球队的交锋战绩、近期战绩、比赛阵容等基本数据不会有太大差距，这些都是客观数据，但是在海量的客观数据面前，不同的机构选择不同，不同的机构会从中挑选出自己认为最重要的数据放进模型，大家的差距第二次开始出现不同。而这些数据被灌进模型之后，因为每个数据的加权不同，所以每个数据在模型中体现出的价值也就有所差别，大家之间发生了第三次不同。随后在信息方面，同样的新闻被理解的不同，被加工的分量不同，比如球星是否出场究竟价值几许，球队奖金加倍提升士气可以认为增加多少让球，这些判断都是非常个性化的，也都是非常彰显操盘手实力和机构实力的。

我们在充分了解竞彩操盘手的基本风格和特点，了解他们的开盘手法之后，我们才可以按照他们的想法和思路去分析，采用和他们相同的数据、相同的信息，就可以在原理上无限接近他们的最终数据。

四、自我开盘的第二步：建立自己的模型

在了解了操盘机构和操盘手的方法之后，就轮到我们如何开盘了，这个说难也很难，说简单也很简单。

之所以难，是因为我们看到的操盘手的模型是一个非常复杂的计算机运算系统，建立在特殊的软件基础上，借助计算机的运算能力进行计算，这个东西肯定是个人无法在自己家的电脑进行尝试的，而且这种方式也不是我们要和大家分享的。因此这种方

式尽管最为接近，但是并不普及也并不适用，毕竟开盘是一个团队的工作，而且他们有充分的时间进行准备和积累，有着庞大的技术团队支持，而个人则不可能拥有这么多的资源，所以要想以个人的力量对抗机构，就需要另辟捷径。

所谓捷径，就是训练我们用判断去打败系统，训练我们的头脑系统，也就是当我们用操盘手的思维去看过了所有的数据和信息之后，我们在头脑中可以很自然地去判断并得出一个我们自己的开盘结论。

这里我们可以这样训练我们的头脑分析习惯：

数据（足球数据 + 指数数据）→ 得出基本强弱实力差判断 → 信息加权 → 让球数量判断 →与竞彩让球对比

这个过程我们一定要熟悉，而且需要反复锻炼，开始并不一定要通过对比得出结论，但是每一次要完整地完成这个过程，要从最早的自我观察数据计算数据开始，一直到与竞彩对比。而且每一次的数据观察和采集要采取固定的思路，比如：积分排名+主客场成绩+近期6场状态+最近6场进失球+双方交锋历史+两队对战同一对手的交战成绩，每次都按照这个逻辑，对两个球队进行比较。有很多约定俗成的规律，比如一般而言，主场因素会算成半个球的优势。从而在全部数据分析完之后，头脑当中初步形成了判断，初步形成了两个球队的差距，再用让球来比喻两个球队之间的实力差异。

“数据结论 → 信息加权”这个环节，考验我们对于足球基本面的判断。一般来讲，主场因素若算成半个球的优势的话，那么球队头号球星特别是最佳射手之类的至少要算作0.25 ~ 0.5个球，看他们在比赛中的作用，比如可以进球可以助攻、作为前场核心的球员就是至少0.5个球，这样的判断还是来自自我的积累。一次次的用结果去复查，用结果去复盘比赛，就会发现自己当时的信息加权的判断是不是准确，是不是接近正确答案。

五、自我开盘的第三步：对比

关键是比较，只有比较，才是整个过程的核心。

当我们用和操盘手们相同的手法、相同的思路、相同的数据和信息，推导出我们自己的指数之后，剩下的关键环节就是对比了，和机构的指数进行对比，从而得出最终的判断。

按照一般的道理，同一场比赛，如果用相同的数据和信息、相同的开盘手法进行开盘，那么结果应该非常接近，或者说结果甚至应该相同才对，但是事实上就像世界上每个树叶都不一样，每个人自己心里针对同一场比赛开出的指数也从来不会相同，这本质上就来自我们每个人和操盘手针对很多权重和因素的不同理解，而这个不同恰恰是我们可以战胜对手的机会。

在后面的文章中，我会专门为大家介绍操盘手的情况，这里只是告诉大家，操盘手和所有彩民一样，都是平凡的个人，只是专业工作者有更多的培训机会和更多的资源优势。不过久经一线、有过投注经历的彩民，同样无需低调，只要方法得当，同样发现真谛，不过这里的对比核心不是要你去分出和机构的指数谁对谁错，而是去看出机构指数的方向问题，看到方向的深浅，看到深浅背后的原因。

在和机构PK之前，我们首先要有一个基本的判断，就是我们在数据和信息上不会比机构有更大的优势，我们客观承认我们自身的资源和经验不会比这些专业机构更加完整和强大，正因为如此，比较才有意义。

案例　曼联VS阿森纳

如果我们通过数据进行分析，按照我们的积分排名+主客场成绩+近期6场状态+最近6场进失球+双方交锋历史+两队对战同一对手的交战成绩这一思路进行整理，我们可能会自己逐渐对两个球队的实力有所判断，之后我们再根据两队的信息面的情况去查看新闻，从两个球队的伤病情况、球队士气情况，乃至教练的赛前态度对两个球队的战意有了一定的了解后，我们此时内心当中已经逐渐形成了一个自我判断。比如我们得出结论，坐镇主场的曼联有半一球的优势，也就是说这场比赛曼联有0.75球的优势，之后我们去看亚指初指，一般情况下，这些亚指初指给出的数据不会完全一样，但是也八九不离十，如果我们看到亚指给出的曼联主场让球是半球，那么我们可以首先明确，我和机构都判断主队在主场有一定优势的方向是对的，但是我认为的半一优势超过机构认为的半球。不要小看这半一和半球之间的0.25的差异（0.75球−0.5球=0.25球），半一可以对于主胜有较强的倾向性，而半球却并没有给出主队取胜很强的信心，因此我们就要回过头去重新看为什么机构并没有开出足够深的让球。半球最多算是加权了主场优势之后的让球，如果除去主场优势，可能也就意味着主场曼联实力上并没有对阿森纳形成优势。在回头寻找证据的过程中，我们依然要坚持按照积分排名+主客场成绩+近期6场状态+最近6场进失球+双方交锋历史+两队对战同一对手的交战成绩这一思路进行重新分析，如果我们在分析之后，可以发现某一点，比如历史交锋阿森纳处于上风，或者是曼联近期主场战斗力下降很厉害，而阿森纳客场近期保持不败这样的证据，那么我们就可以充分理解机构的开盘角度，找到理由之后，就可以从机构的初指半球的角度去判断。但是另外一种情况就是我们重新分析了数据，但是我依然认为这场比赛开出半一是合理的，是非常充分的，初指半球是不足的，那么我就继续从消息面去寻找，可以通过寻找更多的新闻渠道去了解比赛。这个时候一定是有非常关键的信息的，如伤病和战意问题被遗漏，这个时候要充分去寻找这些因素，有的时候我们会在第二次寻找中找到此前被我们落下的信息。比如球队下场比赛受到杯赛（欧冠、足总杯等）的影响，而决定轮换主力，这样的新闻肯定会拉低让球。或者我们会找到球员新闻中的蛛丝马迹，比如球员的采访和突发新闻里，我们似乎可以闻到球队内部矛盾的味道，这个时候这都可以作为证据来证明机构的让球较低的原因。然而如果我们还是没有找到可以证明主队优势降低的原因，那么我们还有最后一个办法，这个办法就是再去观察销售之后的亚指变化，也就是说观察“后市指数”变化，就是我在节目里和专栏里经常提到的后市指数变化走势，因为这个指数走势代表着两层含义，首先也是最大的含义就是销售情况，即球迷们真金白银去买的哪个，彩民的实际投注结果会带动后市指数发生变动。如果这个时候我们看到后市指数朝着曼联让球加大的方向变动，也就是部分机构开始逐渐加大到半一，甚至部分机构出现了主队让一球的情况，那么我们就判断大部分球迷得到的信息和我们的接近，大部分机构的调整也是比较合理的，而自己的初指判断半一对比机构的半球显然被后市的发展走势证明更合理，也更让我们有信心坚持自己的判断。这里提醒大家一下，这个时间可以看一下，如果首发阵容出来了，可以去关注阵容名单核心球员的出场情况，如果核心球员顺利出场或者核心球员确定缺席，都必然对让球有较大影响，这个因素也要考虑进去。

我们再反向举例，还是这场比赛，我们通过积分排名+主客场成绩+近期6场状态+最近6场进失球+双方交锋历史+两队对战同一对手的交战成绩这一思路进行分析得出曼联主场让半一球的基本判断，然后我们在观察亚指初指的时候，突然发现机构本场比赛给出一球的初指，也就是说相对于我们而言，机构给“深”了，而我们给“浅”了。那么好，我们还是按照刚才的办法和逻辑，再次回到数据面，按照积分排名+主客场成绩+近期6场状态+最近6场进失球+双方交锋历史+两队对战同一对手的交战成绩这一思路再次重新分析，我们会在这些数据里去寻找哪些数据可以给出曼联这么大的优势。无论哪个数据可以给出一球以上的优势，都是很有决定性和压倒性的优势，比如长期的对阵胜利记录，比如两队反差巨大的近期状态，一般而言只有这些数据可以让两个基本实力差距不大的球队之间可以出现这么大的让球差距。如果我们没有找到这样的数据支持，我们还是要去信息面寻找，看看在数据面不支持的情况下，让球优势这么大的信息面是什么。一般而言可以让主队拥有如此大的优势，无外乎主队倾尽全力，而客队自信全崩，或者是客队有了明确的核心球员集体伤退，否则很难有如此情况出现。但是，如果我们依然无法找到让球的理由，我们就要开始怀疑。首先，我们使用了和机构相同的开盘首发和数据，使用了基本相同的路径，但是如此大的差距并非偶尔。而在后市变化中，如果我们看到大部分彩民的投注带来的资金走势并没有改变让球，或者是较让球进一步加深，那么我们也许会认为的确有我们不知道或者无法获得的信息在影响着所有人的投注。不过如果我们看到投注走势在朝向我们，也就是说投注走势在逐渐缩小让球优势，逐渐回到让半一的方向，那么我们可以对于自己的判断有更多信心。也许正是由于判断角度和人为加权的理解不同，让我们比机构判断更准，因此我们可以确信半一是更加接近事实的，是更加接近答案的。

这就是用自我开盘的方式，去和亚指和其他机构指数进行对比的办法和途径，也是分析的过程。在这个过程里，我们最重要的是摆正自己的位置，承认我们首先作为购买者，本身就在彩票的不对称性下进行着游戏，因此我们不能妄想一下子就完全超越机构，我们只能接近和靠近机构。我们不要幻想机构全部出错，这个概率太小，也太低了。我们要承认大部分时候机构比我们更准，我们只是需要去找到我们的判断问题出在哪里，以及究竟有没有证据、有没有数据或者信息给出这样的支持。

六、自我开盘的第四步：如何掌握机构开盘的近期风向

前文讲了对比，所谓对比就是用自己的开盘结果和机构的结果进行对比，从而得出结论，但是这其中有一个非常复杂的变量——开盘风向。前文所说的是百分百从技术和实力角度进行的分析，其实也会有大家最不了解也是最不熟悉的风向问题在影响着开盘的结果。

能够看懂机构开盘的风向，这句话可能在前面的文字里

出现过很多次了，大家在节目和我的微博里也经常在问这个问题。正好在这个环节里，我向大家介绍一下这个道理。

首先，我们反复在介绍什么是开盘、什么是操盘手，也为大家介绍了为什么操盘手的风格和特点不同而导致不同的赔付率。

我们可以举例说，比如很多操盘手在机构的统一计划下，他们的开盘是有一定目的性的。在一段时间之内，可能机构需要让市场上的用户们可以赚到更多钱，让用户可以得到更多实惠，这个阶段机构就会放水给用户，在很多的开盘过程中放更多的中奖机会给大家。这个时候大家往往觉得机构开出的指数难度不大，这里的难度是指，比如我们通过自己的分析发现本场主队让球在半一球（0.75球）左右比较合理，这个时候我们如果去看机构的指数，特别是我们看到竞彩的指数经常是没有半个球的，所以这个时候，如果竞彩给出的主队让一球，那么对于用户而言就是非常难以判断的，因为可能随着走势发展，半一会逐渐向一球接近，半一本身和一球的差距也不大，所以这个指数等于把用户通过自己分析之后得出的空间完全压缩没了，彻底地把用户摆到了难度之上，这个难度大家可以想象；但是我们如果换个角度看，这个时候竞彩给出的是平手，那么对于用户而言，自己分析判断出来的半一就会有非常大的优势空间，这个时候我们如果去投注，在平手的情况下投注主胜就会是非常占便宜的方式，也会是对用户而言难度最小的一个方式。这个时候，如果机构给出的是平手，那么我们就可以理解为机构在为大家放水，让大家有一定的空间去获胜中奖；而一旦这个时候机构给出的是主队让一球，那么就可以说此时的机构并没有放水的准备，甚至还在收水。

为什么机构有的时候放水、有的时候收水，这是因为在一个彩票机构，他们全年的赔付情况是有一个计划的，也就是说，全年的返奖率要多少，这个是基本固定的，最后年底时刻全年的计划基本上差别不大，如果公布的是90%的返奖，那么到了年底最终的结果也基本是这个范围不会有太大差距。机构之所以不会把全部利益拿去，最重要的原因还是机构想挣长期的钱，就不能一下把全部用户打伤或者打死，他们必须要把用户牢牢地固定在自己的周围。如果利润太高，就会把用户推走，转去其他机构。因此在市场竞争环境下，全世界的机构都会保持一个相对合理的利润也就是返奖的区间。

而即便是同一个机构，也会在全年的不同时候，有不同的方式，有的时候放水，有的时候收水，这其中的原因是机构会有全年的营销计划。比如在世界杯期间，机构希望吸引大量的新用户来尝试彩票游戏，因此这个时候有可能就会放水让大家更多地中奖，有更好的用户体验，所以这个时候就是放水。还有一种情况就是在比赛的冷淡期，比如热门联赛还没有开始的情况下，比赛少而且都是大家了解较少的比赛，这样的比赛大家往往竞猜兴趣不大，在这样的情况下，最好的办法就是放水给大家，让大家可以挣更多的钱。在这种情况下，大家只要抓住机会，就可以有不俗的收获，起码这种收获和平时比起来是远远超过的，是更有优势的。

好了，在解释了风向的相关的问题之后，我们回到技术问题，就是都知道有风向的情况下，我们如何掌握风向，如何判断近期的风向，这个应该是大家最关心的。

首先我们要知道，在所有的风向之中，都是有时间性的，也都是有阶段性的。还是因为所有的营销是有阶段性，而且同样的情况下，不同操盘手的操盘手法也是不同的。因此我要在一个阶段的范围内观察这个风向，在一个阶段内看这个数据数值才有价值，才会更加准确。所以一个非常具体的办法就是，我们在确定了本次要购买之后，专门拿出时间对这场比赛所在联赛的位置进行分析，比如我们还是购买“曼联VS阿森纳”的比赛，那么我们就针对英超比赛最近的2-3轮比赛进行分析，从近期的这几轮比赛中寻找风向走势。这其中有一个非常细节的地方，可能也是很多人不知道的，即一般一个联赛会有专门的一个操盘手或者专门的一个操盘小组，这个人或者这个小组相对固定，所以他们在一个时期之内的操盘手段和操盘计划是相对固定的，因此我们去参考这个数值更加有效也更加有价值。

比如，我们把这几轮比赛的最终结果和开盘情况相互对照，再参考两队基本面实力，就会逐渐有一个较为清晰的思路。如最近的几轮比赛中，类似曼联和阿森纳这样的强强遭遇战，平半让球下主队往往可以打出主胜结果，那么我们可以感知在最近的市场风险下，机构对于这样的比赛，对于相同风险的比赛，往往会采取浅指情况，而实际战绩是主队往往可以打穿这个指数，因此我们可以再去观察本场比赛。如果本场比赛主队曼联可以让出半球或者半一，也就意味着曼联当前的让球超过了联赛让球的平均水平，超过了这类比赛的让球的平均水平，这说明在相同的操盘手、相同的操盘策略之下，曼联更加受到机构的青睐，曼联更加受到机构的支持。如果我们通过观察近期全部比赛，最终发现最近机构开出的半球强强比赛中，打平的概率非常大，也就意味着本场比赛曼联也有很大可能打出平局，至少在主胜和平局之间，于是青睐平局结果会更好。

在这个过程中，我们就可以逐渐找到机构开出指数时的风向点在哪里，可以找到机构在近期的开指数时是贴合比赛走还是开得更高或者更浅，在这个深浅过程中，我们可以发现机构的意图和想法。

当然，世界上没有百分百的结论。也许偶尔会有一些不同的变化，会有一些不同的结果，但是总而言之，这类的结果在相同的区间内，接近的可能非常大。最重要的是找到这个点，可以给我们的下一步分析提供依据。

第六章
值博率

一、什么是值博率

自国家体彩中心在2009年开售足篮球竞猜型彩票至今，竞猜型彩票已经经历了9年时间的发展。在经历了欧洲杯、世界杯、奥运会等大型赛事之后，竞猜型彩票已经逐步成为了全国彩民乃至球迷最喜欢的彩种之一。这一点从竞猜型彩票飞速上升的销量即可窥一斑。随着竞猜型彩票的逐步发展，彩民的成熟程度也在随之深化。许多彩民总结出了自己购彩的心得与方法，这也使得彩票行业出现了例如彩票数据、荐彩等垂直领域，尤其是荐彩行业发展很快。在彩民群体不断扩大的同时，彩民对于购彩方案的需求也在逐步加深，这使得彩票行业诞生了许多的“大咖”与“明星”。

彩票行业目前存在的主要问题在于，大部分在行业中拥有话语权的彩票专家，依然在以最传统的“命中率”或者所谓的“盈利率”来进行彩票的推荐，甚至标榜以“必中”或者“必赢”的噱头。这种方式虽然看似有效，但是缺乏“责任购彩”的概念。竞猜型彩票本质上作为一种概率事件型彩票，是不存在任何“必然”的概念的。当然，这并非完全排斥经验主义式的购彩模式，但是对于已经成熟起来的竞猜型彩票彩民，我们需要的是更有意义、更科学、更具发展性的购彩方法论。

在国外，同样类型的竞猜型彩票（也就是所谓的“外国彩票机构”）已经发展数十年甚至数百年之久。其赛事的多样性、玩法的娱乐性以及赔付率价格的优越性都要远远胜于国内的竞猜型彩票。因此，其彩票行业的发展程度也远比国内成熟。在很多彩票行业比较发达的国家，竞猜型彩票已经作为在银行、股票之外的另一种金融理财渠道为人们所熟知。许多国家都有专门做彩票理财的公司或者组织在为彩民进行相应的服务。这种理财模式基于对盈利率的保证，但这一“保证”并非是简单地、赌博式地将彩金押宝在某一场或者某两场低赔付率比赛上来保证必中，也并非是将彩金直接放在高关次串关比赛上以求得一夜暴富，而是长远地建立一个盈利目标。通过对比真实赛事发生的概率来判断相应比赛选项的投注价值大小，也就是国外彩票界非常流行的“值博率”概念。再通过风险控制模型来决定每一次投注的金额，最终完成盈利目标。就这种理性的、科学的投注方案而言，在中国尚是一片空白。

我们可以简单地将购彩模式分为两种基本类型：中奖型（WIN BET）以及价值型（VALUE BET）。上面提到的这种理财方式显然是这两种基本购彩模式的完美结合。而“值博率”在这一购彩模式当中，成为了重中之重的核心概念。值博率目前在股票当中已经被广泛应用，然而实际上这一概念在竞猜型彩票当中早已适用。百度百科上的值博率概念大多是错误或者不准确的。事实上，“值博率”这一名词在竞猜型彩票之中，主要是用于描述某一选项（如“胜”或“平”或“负”）所代表的概率与事件真实概率之间的差值。众所周知，竞猜型彩票的彩票公司在进行开盘与操盘的过程当中，绝不会固守成规地完全遵循对于某一场比赛结果的数学分析。在赔付率开售到停售的过程当中，各种和球队球员相关的信息、彩民的投注行为和投注习惯、快速投注的数量级以及彩票公司本身的信心都会人为地影响某一个选项的赔付率。而这些赔付率的变动，往往被掩盖在彩票公司的一系列操盘手段和利润之下令人难以琢磨。在此时，值博率的概念便应运而生，它将会成为彩民们理解彩票公司操盘策略的最优解。而如何计算并得到值博率，也就成了关键之中的关键。

值博率作为一种将彩票与金融理财结合在一起的数学模型，是目前中国彩票市场上的崭新概念。通过“公平盘”与竞彩每一个选项在概率上的直接对比，我们可以找到隐藏在赔付率背后的秘密。通过值博率的排序，我们可以在购彩之前寻找到相对而言比较具备购买价值的投注选项，进行对当日比赛的第一步筛选。无论是相对比较容易中奖的热门选项，还是不易命中但收益不菲的冷门选项，值博率都可以帮我们把隐藏的价值挖掘出来。

除此之外，值博率的“价值投注”概念，实际上非常值得我们去进行思考。竞猜型彩票作为一种固定奖彩票，虽然其赔付率受到利润的严格保护，但是同样作为一种以足球比赛为基础的“概率型”彩票玩法，彩民们依然可以找到机会通过竞猜型彩票进行盈利。然而这种盈利的方法是什么呢？在市面上已经有太多的荐彩类产品，这些产品整体看来大同小异，每一家都在不断打出“盈利率”或者“命中率”的牌子，却很少有人真正从一个普通的彩民或者是一位竞彩店的业主角度去考虑。彩民当然想要赢钱，业主当然想要增加自己店面的流水和购彩用户的留存，但靠那些口说无凭的“盈利”和“命中”，靠那些所谓的“专家”和“大师”，真的就能起作用吗？答案显然是否定的。唯有彩民和业主自己不断进步，不断地成熟，为自己制定合理的投注计划，才能够渐渐地成为职业彩民，在购彩的过程中为自己寻找到盈利的机会。

二、值博率如何应用

这里说的值博率，我们可以理解为“值得去博的概率”，也就是说在一场比赛的6个选择中（不让球胜负平和让球胜负平），这些选择本质上并非价值一样，这个并非是由比赛的胜负概率决定的，而是由操盘机构的要求决定的。

很多人可能不知道，对于机构而言，有一个非常重要的用来控制奖金特别是降低自身风险的办法。在很多的机构开盘中，如果顺应市场判断，进行合理调控其实是非常重要的。比如在某些特定的国家，当地球迷和彩民的风格经过市场验证，比较倾向于某种方向，比如喜欢判断强队取胜的比例超过其他地区，比如喜欢选择爆冷的比例超过其他地区，在经过一定的市场验证之后，机构往往会采取相关的办法来顺应彩民的判断以获得更多收入。比如在喜欢强队的地区，开盘机构会采取降低强队奖金的办法来赢取更多利润。举例说，英超的切尔西VS西汉姆的比赛，如果在理论上，从数据上分析和开盘之后，我们可以确定的是切尔西胜的奖金是1.55，那么机构很有可能直接给出1.45左右。这是因为大部分人看到这场比赛，特别是在喜欢强队的地区，大家都会下意识地倾向主队更多，给予主队更多的支持，因此这个时候如果他们看到1.45，其实对他们而言，也没有太大的差别和不同，对他们而言这些差距之间的分别不大，而且甚至可以说1.45的奖金更加符合他们对于切尔西强势的判断，从当前的奖金看1.45已经是一个彩民很喜闻乐见的数字了。但是每一个专业彩民都会知道，即便是1.45喜闻乐见，但是从1.55到1.45之间的0.1的奖金本质上是需要彩民自己买单的，也就是说在正常情况下，应该是彩民花钱购买这个1.55的奖金，达到了一定的额度之后，奖金数字才会从1.55下降到了1.45，这个数字之间的差异是很多很多资金购买后的结果。而如果机构直接把1.55降低到了1.45，那么原本对应1.55奖金的投注额变成了对应1.45，那么实际上，这部分彩民花了同样的钱，却少了0.1的奖金，这本身就是一种无形中的亏损，是吃了机构的“暗亏”。因为我们要对应风险，也就是说所有的彩票奖金本质上都是对应的相应风险数值，原本是对应的1.55的风险，但是只拿到了1.45的奖金，那么对于彩民而言这本身就是亏损。

在每天很多的比赛中，基本上机构在开盘的时候都会有类似的变化，所以我们每天都要面对一次如何在受益和风险之间找到最佳利益点的挑战。没有百分百的受益，因为这是机构和彩民之间的对决；也没有百分百的风险，因为如果机构把风险过分加大到彩民身上，机构也会受到销量降低的威胁。所以对于彩民而言，知道风险和受益的最佳结合点才是最重要的，这个寻找风险和收益结合点的精髓就是值博率——值得去博的概率。

这里之所以要说到值博率，本质上也是本书的精髓——学会自我开盘的内容，因为发现值博率的价值本身就是从自我开盘中引申出来的。找到哪场比赛的哪个结果更有价值，首先需要的是自我开盘，需要的是自我了解和掌握机构开盘的理论办法，最终可以用机构的办法，开出自己的奖金，再进行对比，发现最有价值的选项，发现哪个选项价值大，哪个价值低。

第七章
了解彩票的世界
——足彩常见问题解答

1. 彩票公司是不是比我们更聪明?

这个问题可能是我们在很多节目或者是和彩民交流中遇到的最多的问题。很多彩民，特别是足彩游戏的彩民，往往是彩民群体中最自信的。这也难怪，和很多其他彩票游戏相比，足彩彩民需要具备更多的素质，比如看懂足球比赛的能力，不错的数学运算能力，甚至还包括了解世界各国风土人情，了解足球历史，了解球队历史上的恩怨情仇，甚至还有很多的玄学问题。能够成为足彩彩民的人，一定是所有彩民里最出色和最牛的一类，因此必须承认，人家有这个自信的资本。

那么问题来了，大家经常会这么问，就是对比彩民，彩票公司是不是更加聪明？或者说彩票公司是不是更厉害？

首先，我们要知道操盘机构的构成。一般我们谈到神秘的彩票公司时，其实我们谈的是操盘手，操盘手是彩票公司开盘的核心，操盘手的能力是机构成为彩票公司并且盈利的核心要素。

一般的操盘手，都来自于精通数学精算、学习金融或者懂得建模的理科学生，他们当中的很多人在最早的时候，也都是从大学毕业生开始，其中部分人可能是球迷，部分人可能还不是球迷，但是他们会在专业机构里得到充分的学习和锻炼。不同体系和不同机构的开盘手段不同，因此不同操盘手的风格和特点也不同，每个机构都有自己的不同之处。

但是，全世界的彩票公司和操盘手还是有很大的相同之处，就是他们所开出的指数还是基于足球比赛数据即基本面。这里的基本面和我们理解的大同小异，只是信息量的多少不同，每个数据选择的权重不同，这也是不同机构最终会在指数和水位上有所差距的原因。

可以和大家说的是，彩票公司取胜的核心要素，首先就是基本面信息的不对称，彩票公司和操盘手参考的数据量远远大于普通彩民，他们参考的数据角度和数据权重的选择，也是经过长期实战检验。就只是这一点，他们就可以大大地领先很多普通彩民用户，对于比赛的判断会更加接近实际情况。

其次，在比赛的基本数据之外，赛事信息也差别很大。我曾经在此前的文章里和大家介绍过很多传奇般的业内故事，不过这些故事有真有假，但是在搜集信息这个方面上看，我们可以了解一点，就是彩票公司和机构是可以付出大笔资金购买很多信息，或者运用大量人员对很多信息进行监控和筛选，这都是普通彩民所无法具备的条件。在这个背景下，信息的不对称性再度显现。

最后，回答这个问题其实不难。彩票公司和操盘手是不是比普通彩民更厉害？绝大部分时刻是如此，否则彩票行业也无法生存到现在。但是足球是圆的，彩票总归是概率游戏。

普通用户和彩民，也可以有信心，在某个阶段，在某场比赛，在某个时期，普通用户是有机会战胜机构和操盘手的。

我们可以战胜机构和操盘手？那他们不是赔了吗？

他们的确会赔，但这只是在某场比赛中，在某个时间里。但是总体而言，彩票公司或者说是机构还是最厉害的，很难输给用户。

那么，什么时候机构会输？

如果有兴趣，可以直接看下面的问题。

2. 机构或者说彩票公司会赔钱吗？他们难道不怕赔钱吗？

在全世界的大部分彩票机构中，输这个字是很难出现的，但是并不是绝对不会，甚至有的时候，机构还会特意输，这是为什么？

因为真正的彩票机构和你想的不同……

我们很多彩民和用户，经常习惯性地把机构想象成个人，无论是这个机构输赢问题，还是这个机构信誉问题，我们都容易把机构当成个人，然而机构却是一个具有十足经验的以盈利为目的的公司。因为机构是一个公司，所以他们每年会有近万场比赛的销售，在这个过程中，他们会有所取舍，会存在各种营销手段，正因为如此他们可能会给彩民带来赢他们的机会。

比如，不同的机构其实擅长的比赛是不一样的，往往他们对于本土赛事的了解更加清晰，英国彩票机构更加熟悉英超，西班牙彩票机构更加熟悉西甲，但是除了这些赛事之外，他们对其他赛事也会开盘、也会销售，本质上对于这些比赛的把握他们肯定没有其他当地机构那么熟悉。所以，一个机构所开的所有比赛中，并不会全部盈利。突然冷门，意外爆冷，都可能给机构带来打击。这个过程里，就会有人盈利，无论是外国机构还是中国竞彩，都曾经有场次被彩民中出大奖、机构出现赔钱的情况。但是机构所关注的并不是一场比赛，全天有很多比赛，一周有很多天，一个月有很多的比赛日，对于机构而言，在一场比赛中输了没有关系，在其他场次上赢回来就行。即便是一天的比赛全输了，一周的其他比赛日里赢回来就行；即便是一周的比赛都输了（这可能性太小了），一个月赢回来也就可以了。

所以，只要比赛发生冷门，而彩民抓住冷门，投注量又很大的情况下，就非常有可能实现用户和彩民战胜了彩票机构，这个事情不是没有，甚至一段时间都会发生很多次。

这就是前面说的，彩民和彩票机构关注的角度不同，彩民关注一场比赛是否盈利，而机构关注的是一段时间内的盈利情况。

其次，还有一个机会，也是彩民从彩票机构手里“抢钱”的好机会，那就是机构故意“放水”的时候。

什么？机构会放水？机构会让彩民赢钱？这是真的吗？

当然……

还是回到那个话题，彩票机构是一家公司。

只要是公司，就会有一整套成熟的市场营销手段，对于市场而言，不是一味地竭泽而渔，相反需要培育和成长市场。就是这个因素，所以很多机构都会有“放水”的时候。

放水就意味着机构会给你更高的奖金，会给你更好的赢钱机会，会给你更宽松的环境，这个时候其实是用户在同等的难度下，赢取更高奖金的机会。机构放水往往都是在一个特定时间、特定的节点，比如没有大赛的时候，市场比较冷清的时候，没有大赛的刺激，彩民购买欲望降低的时候，往往是机构放水的时候。

好吧，我已经说得很清晰了吧。

竞彩什么时候放水?

嘘！自己知道就行了。

就是……每年的竞彩普及日！之后往往是特定时间段，之前的文章有过介绍。

3. 彩票机构会操纵比赛吗?

这个可能是世界彩票历史上，被问得最多的问题。

这个可能是世界彩票历史上，最好回答也最难回答的问题。

首先，我们要知道一个问题，就是彩票机构是如何运作的，也就是彩票机构的盈利方式。当然，请记住，我整本书里写的都是国家合法彩票机构，或者是外国正规有牌照的彩票机构，非法机构不在讨论之中。

任何一家正规的彩票机构，他们的盈利方式就是利润，所谓利润就是彩票机构从彩民的投注金额中提取固定比例的资金，作为自己的收入或者是运营费用，剩余部分作为返奖返回彩民。

这个利润收入在国际上根据各个国家的政策不同，根据各个公司的情况不同而有所差别，基本在5%～30%之间。也就是说，一家利润5%的公司，相当于在100元的彩民投注金额里抽取了5元钱，剩下的95元作为奖金返回给彩民，所有的中奖彩民分享这95元。

那么，我们就会很清楚，一个彩票机构只需要把一场比赛的各个结果选项之间的返奖做平，那么就可以立于不败之地，就可以始终从这5%中获得收入。而根据当前世界彩票游戏的销量看，这5%就可以是上千亿美元的巨大市场。几乎所有的公司机构都可以在当中赚得盆满钵溢。

因此，正规的彩票机构有其自身特殊的盈利方式和手段，有其自身的赚钱办法，无需从事控制比赛、操纵比赛的事情。而且，如果真的有人去操纵比赛，其成本和代价也是非常大的。

首先是道德成本，任何一家彩票机构既然让用户把钱投入给自己，就一定会非常珍惜自己的品牌和美誉度，也就是非常珍惜自己的公信力。一旦失去公信力，这些彩票机构就会彻底倾覆，没有翻身的机会。所以正规彩票机构在有稳定盈利情况下的，基本上不会去操纵比赛、控制比赛。事实上，操纵比赛的成本非常大，危险度也非常高，败露的可能性非常大。

其次是报复成本。在世界的彩票机构中，有规模的公司至少在上千家，如果出现了个别公司操纵比赛，那么就对同样开盘这场比赛的其他公司产生了重大危害，因为别的公司并不知道你在操作比赛，依然会按照正常思路开盘，一旦被别有用心的用户巨额投注，就会带来非常危险的赔付危机，那么这么操作的公司必然成为全行业公敌，成为全行业公司报复的对象。操作比赛就是砸同行饭碗，这事儿轻易不能干啊！

再次是技术成本。说到这里，大家可能不太理解，这里说的不是操作比赛的难度，而是逃避被发现的难度。当前很多彩票机构都会同时监控各个公司的赔付率指数变化，上百家公司的赔付率指数和资金投注情况时刻受到监视，如果想操作比赛，最终都会体现在赔付率上，都会体现在投注资金上，如何逃脱监控也是一大技术难题。

最后，说了这么多，本质上还是一句话，正规彩票机构，依然是只靠利润就可以活得很好，无须也不敢去操作比赛、操控结果。

对于我们中国自己的彩票，除了上面的问题之外，还有更多一层含义，那就是彩票是国家公信力组成的一部分。彩票本身在财政收入里属于很小的一部分，但是影响巨大，国家彩票机构没有人敢去碰这根红线。国家彩票机构同时还是收支两条线，说白了无论比赛出现什么情况，无论奖球出现什么号码，和国家彩票工作人员的收入都毫无关系，而一旦胆敢操纵比赛、操纵结果，则会面临法律的制裁，在这样的情况下还有谁会去碰触国家公信力这个红线呢？

Q 4. 如果中国竞彩和外国彩票机构的赔付率不同，甚至相反，我信谁的？

这个现象，其实并不多见，但是每隔几周都会碰到，而且往往非常吸引人关注。

比如，我们曾经遇到的一些比赛，在竞彩的比赛中是主队让球，而在亚洲指数当中是主队受让球，也就是说如果以亚洲指数为准的话，竞彩应该是主队受让。

这就尴尬了，究竟应该听谁的啊？

其实，每次遇到这个问题时，我都会在节目里向大家介绍，和大家分享一些看法。我的观点是，这个时候听谁的主要看你买谁的彩票了。

这里面其实还是一个非常核心的问题，机构开赔付率基本相当的情况下，为什么会不一样变化走势？

答案有三种可能性。

首先，赔付率说白了还是人开出来的，各家机构之间的开盘模型、数据基础大体类似，又稍有差别，因此大家的赔付率基本相当，有的时候两家机构的赔付率不同可能恰好就是那一点不同的差别所带来的。

其次，每家机构的数据相差不多，但是信息情况可能有所差别，信息相对较为活跃和分散度较高，对于信息的采纳也各有不同。比如同样的伤病情况，曼联2016—2017赛季的“伊布”伤病问题就曾让很多机构有不同判断，特别是这种一个人可以决定比赛走势的球员，他们的伤病更加重要，然而有人认为他的伤病无法出场，有人有其他渠道认为他可以坚持，这就是截然不同的信息采纳。

最后，也是最为重要的一点，每家机构的投注量不同。按照我前面和大家介绍的，各个机构的初盘都是来自数据和实力判断，而后市的变化则来自信息变化和投注量，其中投注量是核心要素。大额资金进入，必然导致投注选项的奖金发生变化，甚至会导致让球发生变化，但是并不是每家机构同时进入这么多的资金，因此我们看到的奖金水位会不同，甚至会出现有的机构之间的让球不同。

说完了不同的原因，回到信谁的问题。

你买谁的，就信谁的，因为你买他的赔付率和奖金，必然受到这个机构此前投注量的影响。

另外，我认识很多中国的竞彩国家操盘手，我对他们的水平充满敬意。

答案清晰了吧？

5. 说到了操盘手，究竟操盘手是何方神圣？他们自己买彩票能赚钱吗？

首先，操盘手也是人。

大部分还都是年轻人。

前面给大家介绍过，很多机构的操盘手大都是学习数学、精算、建模、金融等领域的学生，往往成绩比较出色，一些还有海外留学背景。

这些人经过专业机构的培训之后，利用自己的相关专业知识，从事开盘工作，他们中很多人也是足球爱好者。但是对于他们而言，依然要学习很多东西，比如学习几门新外语，以帮助他们从海外媒体上获得更多信息，还要学习更多的足球知识，特别是足球基本面变化方面的知识，如果有条件最好还要去现场看球。

在一个成熟的机构里，操盘手也是分很多种类和级别的，在前文当中我们已做了具体的介绍。

如果我们自己有机会能够见到很多操盘手的话，你就会发现他和我们生活周围的很多喜欢足球的男孩子们是一样的，只不过他们可能在数学、在金融领域有更多的特长和知识，并把这些知识和特长运用到足球的竞猜上。这就是一个操盘手，可能跟普通彩民和普通的球迷不一样的地方。一般来讲，世界上任何一个国家的操盘手按照法律法规都不能够直接参与购买自己做开盘的产品。这种像一个基本的游戏原则，就是你不能够既当裁判员又当运动员，你只能选择其中一个角色。因此按照规则。操盘手是不能够购买自己所开盘的彩票的。

我们可以假设一下，操盘手购买自己的彩票或者购买别的公司的彩票是否可以中奖。按照我所认识的很多操盘手来讲，根据我对他们的了解我认为大部分的操盘手，其实跟普通的彩民本质上的差别不是很大，只是他们对于数据和信息的掌握可能会更多，操盘手自己去买彩票有可能比普通的彩民有更高的中奖率，比普通的彩民有更多的中奖机会。但是客观上他们同样也是一个消费者是一个购买者，对于他们所购买的彩票机构而言他们也是闲家。因此他们也会受到很多的限制，遇到很多的困难，所以他们也不会百分百地中奖，因为按照数学概率，彩票对于所有人都是公平的。

就像很多人开玩笑说的，如果操盘手自己买彩票能够保证中奖，那么操盘手这个工作所挣的钱绝对没有买彩票挣钱多。所以操盘手也就不需要干操盘这个工作，直接去买彩票就可以挣钱了，这个看上去是个玩笑话，本质上就是事实。操盘手可能会比一般人有更多的中奖机会，会比普通的彩民有更高的中奖几率，但从本质上来讲，他们也没有绝对的信心说自己肯定可以中奖。

其实在彩票的世界里，所有人都是公平的。

Q 6. 中国竞彩的返奖很低吗？

中国竞彩的返奖率是不是很低？这个问题在很多场合很多地方都经常被大家提起，这个问题也成为了很多彩民很多媒体质疑中国竞彩的主要原因，到底中国竞彩的返奖率是不是低，其实很多专业用户已经在自己的实践过程中有了非常明确的答案。中国竞彩本身的返奖率跟外国的彩票相比是有很大的不一样的，这个不一样的地方我们今天会给大家进行一个详细的说明。首先中国竞彩是由中国国家发行的官方彩票，这个彩票发行的初衷是为了给社会筹集公益金，因此它本身就有一部分的资金是用作公益金的。

这部分的公益金会在人民的生活当中起到非常大的作用，比如说我们知道的我们生活周围的很多的体育场馆、健身路径，很多的扶老助学关爱贫困群众的项目，都是从这部分资金里面出来的。这部分资金广泛地用在了种类繁多的公益事业和体育事业上，这是国家公益彩票的基本原则，也是发行的根本初衷。

另外我们要很清楚的一点就是，除了这部分公益金之外，中国彩票的竞彩返奖率，跟外国的玩儿法相比，还是非常有竞争力的。比如说我们说中国竞彩的返奖率是百分之七十二，这个百分之七十二本身是一个平均数，是诸多玩法的平均数，是竞彩足球游戏当中的四个玩法的一个平均数值。就竞彩的灯关游戏而言，其实返奖率在很多的时候已经接近达到了百分之九十。从这个返奖率上看，中国竞彩的返奖率其实并不低。

其实说到这里，我还想跟大家再分享一个感受，就是建议大家在未来的生活当中要尽量地支持我们国家的公益彩票，支持中国竞彩。因为我们如果用这些资金去买中国竞彩，那么无论我们是不是会中奖，我们都有一部分钱是拿来做社会公益，最终都会让我们自己来受益，都会帮助我们自己也会帮助我们生活周围的其他人。这就是我们买彩票的一个初衷，既可以有利于自己又可以帮助其他人。而如果我们去买了很多外国彩票机构的彩票，买了很多非法的彩票，那么这些钱很大程度上都从中国流失了，对自己、对国家、对社会都没有任何的帮助和好处。因此，建议大家一定支持国家公益彩票。

Q 7. 实单19中11，113%的盈利，长红是如何做到的？

这些彩票实单都是今年在竞彩猫的好彩频道节目里推荐的，估计当时几个平台上的几百万用户都是亲眼看到的，因此当时的分析过程和推荐过程大家也都是看到的。

节目是每天一期，我每月去一部分节目，但是每次节目都会出一个实单，最高的投注额在100块。而且次次都是直播现场出票，票面上的名字是竞彩猫店长给写的，以区分谁的票。

这里想和大家分享的是，我为什么实现了这样的盈利。从盈利上看并没有所谓的10倍、100倍的奖金，而是2～3倍的奖金。

这里其实是我的一个理念，就是买彩票的方式不是一锤子买卖。因为从本质上彩民和机构之间存在不平等的博弈，绝大部分彩民最终还是亏损的，因此成熟的彩民都有一个买彩的计划，就是一个理性投注的思想，就是把自己的手上资金按照一个固定的时间周期进行安排。比如半月或者一个整月后，统计这个周期内的盈利情况，避免出现彩民最爱出的问题，即赢一次高兴很久、吹很久，平常一直输但是不说话，给别人给自己感觉热热闹闹，一仔细统计其实还是亏损了。这样的情况非常多很普遍，也是很多彩民至今无法盈利的原因。

如何看待盈利呢？理论上全部彩民平均的盈利率是-27，也就是在不输不赢的情况下，用户还是要损失27%的。而每超越一点这个数字，都会甩下全国很多用户彩民。如果实现了零亏损，也就是不输钱，那么其实在理论上你已经战胜了机构；而如果实现了中奖，正向盈利了，就已经是很小一部分人了。所以我一直觉得按照计划做下来，在一个计划周期之内实现盈利的人是非常厉害的。

我们知道当前国内的P2P这些理财，让很多人吃亏上当，很多财经专家告诉你，理财产品超过8%就存在巨大风险了，这就是现实。彩票也是如此，长红不断、月月赚钱不容易。

在今年4月我作为案例为大家统计的这个周期内，我的推荐实现了200%～300%的盈利率，于我而言已经非常好了，从理论上而言，也是不大不小的奇迹了。

在这个过程里，其实我也曾有过一种冲动就是想博一下大奖，如果出个超大奖也是大风头，但是我的理性最终胜利了，因为在这个为彩民服务的节目里必须把自己当成彩民。

前面给大家讲过很多次，彩票是数字游戏，是概率游戏，奖金就是风险，更高奖金则更多风险，高奖金就是小概率。如何在命中率和奖金之间找到最合理的区间，是一个最复杂的事情。

每个人，都要根据自己的风格，根据自己的财力，选择适合自己的风险和奖金区间。适合自己的，就是最好的。

理性！

理性！

还是理性！

多说一句就是，买彩得高兴，中奖才能高兴！

8. 高手都要复盘吗？坚持复盘你会发现什么秘密吗？

做彩民，想盈利，不能懒。好像世界上所有事能干成，不犯懒都是基础和原则。

足彩游戏每天都有十几场，每次分析都要占用很多时间，赛前的分析和研究是所有彩民必须经过的历程。大家方法不同，角度多样，但是大体方式也都是殊途同归，本质上差别不大。真正区分高下的，除了对于预测的天分，还有就是苦功夫。所谓做功课，不只是赛前，更是赛后的复盘。

说到复盘，很多彩民说：我复盘啊！每次都是看看成绩如何，哪个错了，哪个对了，每天都复盘。

对不起，您那个不是复盘，您那个只是看下重播，真正的复盘可能比赛前预测还要麻烦，还要费功夫。但是，如果你坚持这么做，你能发现足彩里的两个大秘密。

真正的复盘，是把当时的分析比赛的思路，和真实比赛的过程进行对比。

比如，基本面判断孰强孰弱，如果看过比赛看过电视，你就会有充分的判断。球员场上真实的表现如何，球员的士气和斗志如何，都是赛前看数据无法判断的，而且对于球队战术的了解、技战术的优缺点是很难通过数据体现的。看过比赛之后，你再回头看当初的数据分析，会在数据中找到胜负手，比如哪项数据是这个球队状态好坏的核心数据，哪个数据最能体现这个球队的风格。

另外，我前文说的两大财富，都体现在赔付率也就是奖金的复盘下。

首先，大家可能记得我前文和大家说的，抓住机构或者彩票公司放水的时候，多多赢钱。大部分时间里机构不会明着告诉你什么时候在放水。但是你通过复盘可以知道当前的竞彩游戏是不是在给彩民放水，具体的方式还是把赔付率进行逆向运算，运用值博率（本书有专文介绍）的方式找到其中信号，也就说这个时候你会发现你中得的奖金会比实际可能的奖金更高，这个时候就是机构在放水。

他都放水了，你还不赶紧追？

另外一个可以发现的财富，就是对于当前亚洲指数或者说亚洲指数的准确程度进行盘算。客观说，不同阶段，亚洲指数对于一个联赛的准确度不是非常统一，也不是总是精准。就拿大家都喜欢的日本联赛举例，日职和日乙可能在亚洲指数上最为起伏，很多人说他们的参考性不强，即便是半一盘也不见得赢球，即便是平半盘也可能打出大比分，我在分析日本比赛时就经常被他们的球队基本面和指数面的巨大反差而惊讶。但是如果我们认真复盘，会发现在阶段之内，亚洲指数会呈现一定规律，因为一个阶段下，这个机构的运营思想、营收想法、操盘手的人选可能相对固定（开盘机构的情况前文有介绍），因此如果我们通过复盘的办法，掌握了这个阶段开盘的规律，那么就可以利用这个规律在未来的一个阶段里保持较长盈利。

掌握了机构的放水情况，也就是决定了投入的大小；了解到近期的开盘方式，也就掌握了赚钱盈利的法宝！

当然，我这里始终在强调的是阶段性，没有机构的政策和开盘方式一成不变，我们需要抓住稍纵即逝的机会。

所以上天总是这样：奖勤罚懒。

9. 如何竞猜陌生的联赛？

在大部分时间里，我都不会推荐大家去竞猜不熟悉的比赛，原因很简单，就是我和大家一直在分享的竞猜原理，即你自己通过分析基本面信息得出你自己对于本场比赛的开盘判断，拿这个判断去和亚洲指数对照从而得出自己的结论，这里面很重要的就是你必须充分掌握基本面信息，而如果是不熟悉的内容无法掌握基本面，那么这个基本方法就无法使用。

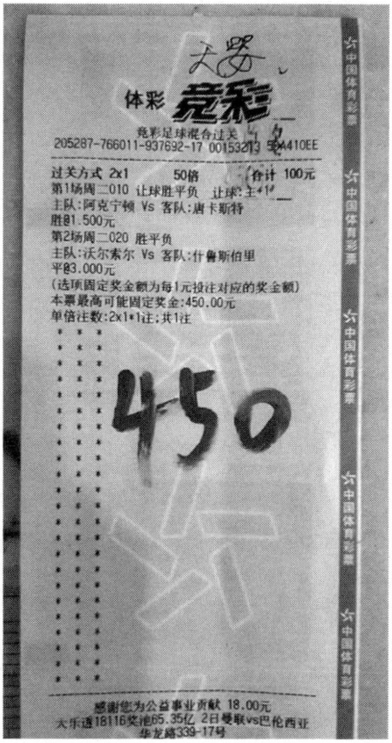

这里讲述的基本面不只是积分排名近期状态这样的基本情况，而是包括球队风格、战术打法和教练风格这种较为深层次的了解，这种基本面是较为成熟的判断的基础。

不过我们还是会遇到很多不熟悉的比赛，这些比赛中我们可能无法找到更多更确切的资料，这个时候我们的判断就会受到很大的影响。一般而言，这个时候我会采取的办法是从亚洲指数入手关注基本数据。当我们看亚洲指数的时候，最主要是看亚洲指数的初值指数和变化走势。亚洲指数的初值是基于球队基本实力的判断，在这部书里我不断向大家讲的就是对于赔付率的认识。

我们对于陌生联赛球队之间实力强弱的认知，首先来自亚洲指数的让球情况，比如A队 VS B队，让球方自然有一定的实力优势。但是我们要看到其中还包含主场因素，在一般的操盘手的认知当中，我们知道在亚洲体系的操盘手会确信主队有半球的主场优势，也就是说，两个实力完全相同的球队，主场作战的一方自然享有半球的优势盘。这个半球盘，可以作为我们的一个重要的参考值，也就是说，当陌生的两个球队交锋，而主队让球低于半球时，我们可以基本认定在操盘手认知当中，主队的基本面实力是弱于客队的；而当主队让球超过半球，在半一之上时，我们可以认定，在这个开盘的操盘手认知下，主队的基本面实力是超过客队的。

在确认两个队基本面实力强弱之后，我们有一个较为难解决的问题，就是按照我此前和大家一致推荐的分析方法——用自己的开盘方式去和操盘手的开盘对比，找出指数深浅，找到结果方向。在通过半球的思路，了解到两队基本面之后，我们还是无法自己开出自己理解的指数，毕竟我们的基本面判断来自指数的逆向导出。

所以，我们还可以借助几个简单的数据，就是我们在一般的足彩网站经常可以看到的积分、排名、对战成绩、近期成绩等数据，我们再从这些简单数据入手，通过分析这些数据的两队对比，再结合刚才从指数逆向推导出的基本面情况，我们可以先对这两个渠道来的基本面进行一下对比判断，从而帮助我们得出自己的指数。

比如，为了方便阅读，我们设定从操盘手开出的指数逆向推导出的基本面情况为A，而我们从简单数据得出的基本面判断为B，那么我们就要对A和B进行一个对比分析。

情况1：A > B。

也就是操盘手认为两队的实力差距情况，大于我们对于实力差距的判断，我们自己通过简单数据分析之后，认为并没有这么深的基本面差距。此时，我们就需要分析，因为在此前的文章中，我曾经向大家介绍过，这里可以再重复一下，就是开盘来自两个基本要素——基本面和消息面，那么我们这个时候就可以担心，是不是操盘手们掌握了我们不知道的更多的消息面的东西，比如具体的伤病，比如球队战意的问题。如果有这个问题的话，那么我们可以相信操盘手的判断。不过，我这里可以和大家分享一个我的个人看法和观点。就是操盘手在开盘的时候，也还会参考市场的平均价格，任何公司都不会轻易开出和市场差别很大的指数，其中原因在别的章节会向大家介绍，因此，我们如果对于自己的基本面判断没有非常大的信心，或者在没有找到绝对有感觉的胜负手的情况下，A接近事实的可能是最大的。

情况2：A < B。

这个情况下，是我最喜欢看到的，也是我认为冷门的最大机会。A < B的意思是操盘手认为的基本面差距比我认为的基本面差距要小，这个时候，我们其实可以想到，通过简单的数据分析可以得出较大的基本面差距，那么必然是诸多数据都在指向这个结果，最基础的信息都在指向实力差距较大的方向，也就会给我们

较大的信心，这个时候也就是你可以和操盘手博一下的机会了。

从这两个判断的对比之后，我们可以回到为什么要看亚洲指数的问题，那就是面对陌生的联赛，面对数据较少的联赛，我们还是要一如既往地相信彩票行业的基本规律，就是相信亚洲指数的操盘的特点，不盲目自信，也不盲从，而是坚持用自我开盘的对比方式，把握机会，把握冷门。

10. 有没有彩票感觉也就是“彩感”一说？

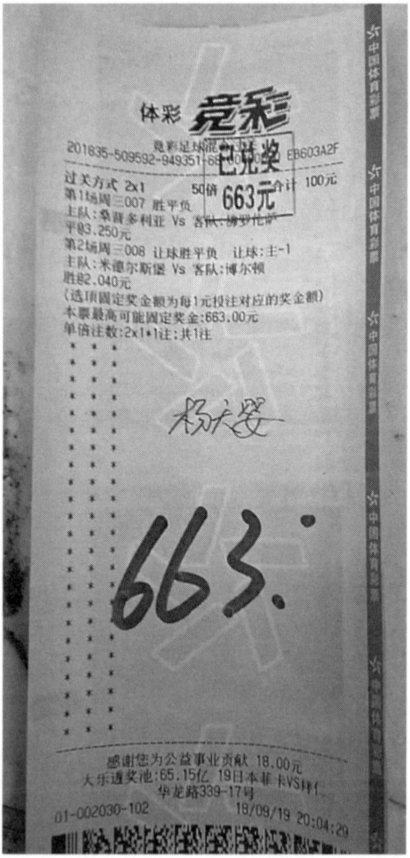

我一直相信，在很多行业里，其实做的时间长了，就会形成一种感觉，比如踢足球的“球感”、打篮球的“手感”。而对于足球比赛分析，时间长了之后，必然也会形成一种“彩感”，就是对于基本面和赔付率面之间的感觉更加趋于感性，更加会把纷繁复杂的数据和数字，在头脑中快速形成直观判断和感觉。这种方式当然更加简单快速，有点快意江湖的感觉，但是即便这种方式可以中奖，也不要忽视这样的彩感往往是建立在长期的观看足球比赛和学习赔付率知识的基础上。

对于彩感，我可以给大家举例，就是2018年9月19日的比赛，当时也是在好彩节目的分析当中，我为大家推荐的一组2串1，结果100元投入直接命中了663元奖，这是当时连续第3天实单命中。当时有印象的彩民一定记得，我那天时间特别紧张，而且那两场比赛其实在开始的时候，我都没来得及进行赛前的充分准备，而是在现场查阅了比赛数据，用自我开盘的方式，充分相信自己第一感觉的“彩感”，而迅速为大家推荐。

我这里可以给大家把比赛当时的分析思路重新说一下，大家可以看看彩感的味道。

两个比赛的2串1，首先的一个是“桑普多利亚 VS 佛罗伦萨”和“米德尔斯堡 VS 博尔顿”。

“桑普多利亚 VS 佛罗伦萨”这场比赛，实话说，看到他们第一眼的时候，我就觉得这是一场平局。因为根据我长期关注意甲的经验，这两个球队都是联赛中上的队，但是都没有绝对实力，尽管可以有主场的加权，但是他们在主场的表现同样存在很多的问题，客场作战的紫百合佛罗伦萨有攻击力，但是客场不是强项所在，两队第一感觉你来我往，谁也没有绝对优势。在有了这样的第一印象之下，我去查阅了相关数据，果然两队当时都在联赛中上位置，桑普多利亚排名第5，而佛罗伦萨排名第6，两队积分排名还互相接近，证明两队当前的实力和状态其实非常统一。近期交锋上，桑普主场3比0击败了那不勒斯，而紫百合客场0比1输给了那不勒斯，也就是一个主队主场稍强，客队客场较差的基本面，而结合两队的互相交锋战绩可看到，两队平局次数非常多，而平局之外，两队没有谁有绝对优势，互相之间各自都有取胜的成绩，而且取胜的成绩主客场都有。从这个角度看，我对于基本面的数据判断，其实和查阅数据之前的感觉完全相同，两队接近，主队略好，特别是在主场上，由于有了那不勒斯这个参照物，因此可以说主场至少处于不败的位置，甚至主队至少还有半个球的优势。

然而，这场比赛的亚洲指数的给出非常诡异，初指为主队超高赔付的平手，后市主队继续发展，但是变化不大，主队在有如此强烈的主场因素的情况下，竟然主场没有让球，甚至在奖金水位上还处于高位，这样的情况非常让人奇怪和担心。看完这个亚指，再和基本面对照，我认为本场主队存在危机，指数完全不支持主队数据，指数方向和基本面方向完全相反，主场想取胜的难度太大。此时就面临一个问题，是推荐让负还是推荐什么？

这个时候我的感觉就是，虽然主队的基本面优势没有被亚洲指数认可，但是主队依然拥有主场的信心，客队客场取胜的概率始终不大，即便在想象比赛过程的时候，我也想象不到客队如何击败主队，因此集合基本面和指数面，最重要的再结合自己对于本场比赛的“彩感”，我认为这是一场平局，故单选平局！

最终这场比赛打成1比1，正好是一场平局，比赛过程也和我设想的非常类似。

再说说“米德尔斯堡 VS 博尔顿”。

应该说，我在2018年9月前后，对于英系比赛非常有感觉，就我自己的统计数字证实，我当时那段时间的英系比赛准确率，单选准确率接近80%，其中一个很重要的原因就是那个时候我发现当时的英系比赛的基本面和指数面对照非常准确，亚指非常有指向性、非常精准，因此抓住这个规律，我那个时候的确命中了很多。而本场比赛也是其中一个例子，在分析的过程中，我的感觉起到了关键作用。

这场比赛在基本面上，由于我前面一直在研究英冠，所以很清晰地知道主队近期状态非常好，主队拥有一个非常稳定的近期战绩，而客队只在联赛中游位置，从基本面看主队肯定处于明显上风。而在实际研究本场数据之后，我们也能看到主队近期成绩非常稳定，打出主场3连胜，近期是6场4胜1平1负的成绩，而客队值得注意的是客场成绩非常好，打出2胜1平的成绩。但是在这些粗略的数据之上，我仔细观察到了一个问题，这个问题带来的感觉，让我最终选择了主队让球胜。这个问题就是主队虽然主场成绩出色，但是在近期的两场比赛里都输了，输的这两场尽管是客场，但是自我开盘时，我们可以站在机构操盘手的角度分析，其实这样的成绩依然会对主队的评估有不小影响，对于近期战绩的打分会有影响。不过在结合主队的让球之后，我发现，从基本面看，主队肯定有一定优势，但是主队主场虽然强大，客队客场同样战斗能力很强，丝毫不在客场落下风，而且主队近期连续的2场比赛不胜都在极大地降低主队的优势面，然而亚指给出的主队初指在一球半和一球，这个指数在我看来是一个非常强大的支持力度，是一个非常有力的信号。其实如果这场比赛的初指给出半一主队低水我也能接受，我也会觉得在情理之中，但是这场的主队一球，还是极大地让我感受到主场优势可能比我们想的更突出，主队主场的战斗力肯定让机构操盘手们非常肯定和信任。那么我对于本场比赛的判断就非常直接，也非常肯定，给出了主队让球胜的观点。

最终结果，这场比赛主队在主场让1球下，打出了2比0的比分，正好是让球胜。

上面说了很多，在比赛的分析过程中彩感的问题，其实大家可以观察到，无论是哪个环节，都是环环相扣、紧密相连。即便是彩感的内容，同样也是认识操盘机构操盘手段、实现自我开盘的一个过程，这个过程同样紧密相连，彩感也是自我开盘的组成部分之一。

11. 盘和指数有没有真假之说?

这个话题是彩票行业永远的热门话题，也是萦绕在无数刚刚入门的用户心中最重要的问题。究竟机构开出的亚洲指数和欧洲指数有没有假？究竟哪场是假的？这是一个最容易引起口水战的事情，我只说说几个基本观点。

首先，就是“假”的标准是什么？其实说到底我没太懂大家说的这个假亚洲指数和假欧洲指数的意思，因为机构开出亚洲指数和欧洲指数只有一个目的：赚钱。但是他们赚钱的方式本书已经反复在介绍，就是把大家所购买的所有投注选项的赔付奖金全部调平，从中获取利润，保证自己始终立于不败之地，保证自己始终可以平衡投注。所以基本上这些机构很难去专门开个假亚洲指数和欧洲指数，因为假的万一不合理，可能让机构输得一塌糊涂。

另外一个，大家所说的“假”，可能指的是个别亚洲指数和欧洲指数在调整上的一些策略，比如大家经常说的“诱上”还是“诱下”等。如果这个是所谓的“假”，那么我告诉大家，类似的“假”其实在实际操作层面上，可以理解为营销策略，可以理解为机构针对特别场次的调整方法，或者是针对某个大家的习惯选项故意降低赔付、减少自身压力的做法。这类方法，几乎在所有的机构上都有，几乎所有的公司都会有类似的做法，但是这类做法不会很多。

为什么说不会很多？

其实，回答这个问题就显得太接地气了，因为世界上任何一家公司，都是商业机构，都是为了安全赚钱的，而他们每天都开出几百场各类比赛，而且要时刻调整这些比赛的奖金数据，所以在实际操作上，基本都是系统自动开盘。也就是说系统模型制作好，把本场比赛的相关数据输入，这场比赛的所有玩法的赔付率和让球都会自动开出，而且随后的销售过程里，随着销售量的增加和减少，还可以进行调整，还可以系统自动根据投注资金的情况进行上下变化。任何一个公司的雇员都是有限的，而比赛这么多，不可能每场比赛都有专门的雇员进行人为干预和调整，拿出专门的时间来设置“大坑”给大家跳，因为大部分机构没这个人力和物力，也没有这个必要，因为上文说了他们不靠这个方式也可以赚钱啊。

因此大部分时间里，每当大家看上去不能中奖的时候，大家都会被这样的一些说法所迷惑，其实完全没有必要。我们要做的还是继续调整好心态，继续保持我们的状态和心态，相信自己的判断方法和能力，不要被这些虚头巴脑的东西所迷惑和分心。

12. 国家竞彩为什么迟迟不开大小球玩法？

这个问题其实涉及到我们中国彩票的很多核心问题，因为除了竞彩相关的这些玩法之外，还有很多玩法我们自己并没有。大家可能会问：为什么没有进球人、进球时间？为什么没有即时竞猜？为什么没有这个没有那个？

其实，从技术储备看，这些玩法真的不算太难，也不算什么难度的东西，大家随时可以把这些产品投入市场。但是我们要知道中国彩票行业是有完整的管理模式的，是有系统性的，比如财政部是国家彩票玩法的审批单位，体彩销售的任何玩法都需要财政部进行批准，那么财政部要考虑到问题就是中国彩票市场的宏观问题，比如两彩之间的平衡问题，比如彩票市场的有序发展问题，比如很多角度更高的问题，因此并不是所有外国彩票市场上有的玩法我们都会推出。但是要承认，这些玩法都不难，我们早就有了技术储备。

如果哪天财政部批准了，这些东西的上市，就是呼啦一下的问题。

13. 经常会听说奖池型游戏和固定奖金游戏，这是什么意思？

在当前世界彩票行业中，各类彩票游戏繁多，但是大体上就是奖池型游戏和固定奖金型。一般奖池型也叫非固定奖金，或者是浮动奖金，这个刚听上去有点难以理解，但是其实一旦明白就会知道很多彩票游戏的本质。

所谓的奖池型游戏（非固定奖金，或者叫浮动奖金）可以形象描述为：10个人一起玩游戏，每个人都往池子里扔1块钱，那么这个奖池里就有了10块钱，这就是奖池内的总资金额，而游戏的主办方拿走其中的5块钱作为管理费，剩下的5块钱可以作为10个人中奖的奖金。这个时候就存在一些问题，比如如果一个人中奖了，那么这个人就是投入1元赚得5元，可以算是大收获了，但是如果有6个人中奖了，那么每个人的奖金就只有0.83元了，这个奖金数字是低于自己的1元投注额的，所以就出现了彩民中奖也最终输钱的结果。所以一般的奖池型游戏都是大盘玩法，类似体彩超级大乐透和福彩双色球，或者是美国强力球这样的玩法。因为他们的奖金最终是由奖池剩余部分奖金被中奖者数量平分之后才能确定，每次奖金都不一样，所以这个奖池型游戏的玩法叫作“浮动奖金”或者是“非固定奖金”。

另外就是所谓的固定奖金游戏，这类游戏可以举例说。比如一场比赛的奖金，主场取胜奖金是1.5，也就是说投入1元钱，可以中奖1.5元钱，那么这个奖金在彩民购买的时候就已经确定了。假如这场比赛选择主队胜的用户全国只有10个人，大家全选的胜，如大家的投入是同一时间、同一刹那（假设机构没来得及调整奖金），那么10个彩民投入10元钱，奖池最终有10元钱，组织者也就是机构抽走3元，还剩下7元钱，但是最终是主队取胜，所有人都对了，那这个时候就出现问题，当时奖池里只有7元钱，而10个人投入10元钱，根据奖金1.5，需要返奖15元，那么相当于机构亏损了8元。没有关系，这15元是必须返奖的，因为在买的刹那就已经确定了奖金，固定了奖金数字，无论奖池多少钱，都要返奖，这就是所谓的固定奖金，传统上的竞彩就是这类游戏。

Q 14．在实战中，平局和让负结果都有基本相同的指向性，哪个选择更好？

这个问题，大家可能经常会在投注买彩的实践中碰到。在投注的过程当中，我们会发现平局的奖金往往是比较高的，一般都是在2.6到3.7几之间，是一个比较适合投注的范围区间，也是一个风险和收获较为合适的奖金。而让负的奖金往往是在1.4几到1.7之间，也是一个比较适合投入的区间。从奖金上面看，我们可以非常明确地看到两个结果的不同，所以价值也是不一样的。选择平局的话，奖金相对较大，但是难度也是最大的。让负奖金的数值相对低，有的时候平局和让负两个结果的奖金甚至会差距到一半儿，在讨论究竟哪个选择更加有价值、哪个选择更好的时候，其实我们应该有一个基本的观念就是无论是让负还是平局，本质上所有的数值最终都是由数学经过计算之后得来的，本质上数值的大小跟风险的大小是成比例的，风险越大奖金数值也就会越大，风险越小奖金数值也就会越小。

平局的奖金的确非常高，但是平局的出现概率相对来讲比较小，让负奖金低恰恰是因为让负包括了平局，也包括了主队的不胜的结果，因此它的奖金相对就会比较低，在这个角度上，我们可以看到所有的风险跟获得的收益本质上是一样的。我们大家经常希望可以在数学上面占到机构的便宜，其实这个难度是很大的，因为机构有专门的人员、专门的系统进行计算，每一个结果都准确地对应着风险，想超过风险占到机构的便宜难度很大。

结合我自己，大家可能对我比较了解，在选择二串一的时候我往往会在风险跟奖金当中找到一个最好的结合点。我会选择一场比赛的让胜或者让负，奖金基本会在1.5上下。同时我也会选择一场比赛的平局，这场比赛的平局的奖金应该是在3到3.5之间。我认为这个数字之间的组合在奖金上面会达到4.5到5倍左右，而这个串关的风险恰恰就是我们通过自己的判断和预算，可以准确把握的上限。

每个人都要根据自己对于比赛的判断，了解自己的可以把握的风险上限，在不超过这个上限的情况下，掌握好尺度，掌握好资金收益和风险之间的关系。

15. 根据基本面看初盘是否合理?

这个问题其实是一个非常原则性的问题，因为这个问题所提到的基本面和初盘的关系问题，即根据基本面看初盘是否合理。本质上来讲，在这本书中，我反复向大家介绍的一个经验就是任何的操盘机构、任何的彩票机构，他们所开出的初盘主要是受到

两方面的影响，一方面是基本面也就是数据面，另外一方面就是信息面。这个问题所描述的情况至少应该说从基本面看初盘是非常合理的，因为初盘就是由基本面通过数据的量化开出来的。本质上初盘可以约等于基本面的情况，所以说用基本面来分析初盘是一个非常合理的办法。

基本面就是基本实力，比如皇马，长久观察皇马这样的球队是值得信任的。

16. 请问一个足球圈外人士做专业足彩投注者的可行性或者说操作难度大吗?

这个问题其实非常有意思。这个问题也是提出了一个关于什么样的人可以成为最好的竞彩投注者的问题。这个问题其实答案非常简单，很多人最终都会有殊途同归的感觉。

我们知道如果想成为一个更加幸运的彩民，或者说是想成为一个有机会更多中奖的彩民，那么去更多地了解足球和了解体育在我看来是一个必不可少的过程。因为我分析所有比赛的基本原理，就是在这本书当中跟大家提出的要从基本面到赔付率面，你需要熟悉体育比赛的规律、熟悉足球比赛的规律，要熟悉足球比赛当中的很多的因素，包括哪些因素是决定性的，哪些因素是致命的，哪些因素对比赛的影响意义有多大。所以作为一个要想成为一个优秀投注者的彩民，首先就要去了解体育了解足球。

这位朋友所问的足球圈外人士做专业的足彩投注者，本质上来说我们每个人并不需要成为足球圈内人，所谓的足球圈内人比别人有的优势可能就是有更多的足球资讯更多的足球信息，这些作为普通的彩民也可以通过更多的信息渠道去获得。而且从足球的专业人士到成为一个足彩的专业投入者之间还是有非常大的距离的，这也是足球到足彩之间的距离，这个距离是需要很多的学习和了解才能逐渐弥补的。并非每个足球业内人士都是投注专家，都是足彩大师，足球到足彩之间并非一条坦途。

了解体育、了解足球是成为专业的足彩投注者的一个基础，而了解这些之后我们还需要把足球跟足彩之间建立起一个联系的通道。这个通道就是我们通过了解足球之后的基本面进而推导出自己的指数面和赔付率面，再和机构所开出的指数进行对比，分析机构的奖金指数是否合理。有了这么一个分析的过程，才能够帮助我们每个人成为一个真正的、成熟的、专业的、可以获得更多奖金的足彩投注者。这也是我这本书当中反复向大家提及的一个经验和办法。

了解基本面非常重要，这里我可以跟大家分享一个事情，现在可能很多彩民朋友们听我为大家分析比赛的时候会觉得我对赔付率指数有非常多的了解，但是其实大概在两三年之前，差不多在2015年之前的时候，我都还是一个坚定的足球基本面的支持者，那时候我认为只从基本面就可以完全读懂比赛。那个时候我对于足球比赛的指数面和赔付率面的了解，可能还远远不如一个普通的彩民朋友，但是之所以我可以在学习了解了赔付率之后，迅速掌握了自己分析的方法，而且通过这个方法可以在推荐和实际购买当中收获很多奖金，最根本的原因还是在于我首先了解了基本面。

如果我当时不了解基本面，只是一味地以一个指数面作为我自己的分析基础的话，那么是不可能有今天的这种完整成体系的分析思路。每一个成熟的有经验的足彩投注者，都是一定先从了解足球比赛和体育规律发展过来的。所以我在这里可以建议所有的彩民包括想成为专业足球投注者的人，建议大家最重要的一点还是要去了解比赛，多看比赛，多看足球比赛，多看体育比赛。

另外，还有一个问题，我们绝大多数人在购买彩票的过程里，不要忽视一个重要的乐趣，就是观看比赛。我们不能把全部的乐趣都放在中奖上，看体育比赛、看足球比赛本身也是一个巨大的乐趣。我们大家通过买足彩比赛，而且看更多的足球比赛，其实看足球比赛能带给我们的快乐丝毫不少于买足彩。这种快乐也是每一个足彩彩民本来就应该有的快乐，我们不要只把眼光盯在钱上面而忽略了体育比赛本身的精彩。

17．“大热必死”似乎是彩民的口头禅，实际上热度分球队热度和指数热度，分主动受热和被动受热。那么，应如何识别和区分热度，上盘规避热度、下盘考虑热度对吗？

“大热必死”这个词可能是足彩领域当中被使用最多的。大热必死的字面意思就是说最热门的比赛或者最热门的选项往往最终有可能会打不出来，而彩民追这些选项或者去追这些比赛，有可能会遭遇意外、遭遇冷门，最终遭遇爆冷而无法中奖。这个就是对于所谓的“大热必死”最简单的字面理解。

我在为大家分析“大热必死”这句话对不对的时候，其实在此之前我还是要跟大家再重复一下，这本书里面的基本观点就是所有的赔付率数字、所有的指数都是通过基本面情况、通过信息面的情况而开出来的。也就是说，我们所看到的所有的让球、所有的指数其实都是来自于基本面的情况，来自于球队此前比赛的所有成绩，来自于球队的交锋战绩，来自于球队的近期状态，来自于球队的伤病情况，甚至来自于球队的内部问题，等等。这些信息加在一起通过量化，最终给我们呈现出来的就是指数，就是赔付率。

因此，我们应该说所谓的大热比赛，所谓的大热的选项，在数学概率上面这些大热意味着它的奖金低意味着这些选项的出现概率大，本身它都是由操盘手根据自己的公式，根据自己的风控体系，根据数据、根据信息所开出来的结论。越热的比赛、越是出线概率大的、越热门的选项就是越可能打出的结果。但是为什么我们经常会谈论大热必死？在我看来一个非常重要的原因是，我们所有人都会有一个习惯就是对于热门比赛的打出来的正常结果往往印象不深，如果一场比赛是皇马战胜了塞尔塔，那么所有人都不会记住这个结果。也许在历史上，皇马跟塞尔塔这种球队交锋十次皇马可以战胜对手九次，但是请放心这九次所有人都不会记得住，相反一旦有一次塞尔塔没有让皇马获胜，那么这一次大冷门儿会让所有人的印象极为深刻。

如果不信，我们可以去看一个强队一个赛季下来他的取胜场次一定是非常高的，一个强队的取胜机会一定会远远地大于弱队。这种情况之下，我们对于强队的获胜、强队的拿分都不会有很深刻的印象，而只会对冷门儿的比赛有深刻的印象，而冷门比赛给我们建立了这种大热的球队有可能会死的感觉。而一旦我们自己投入了，资金进入了投注，那这个偶发的冷门比赛结果就会给我们留下更加深刻的印象，会给我们带来一个大热必死的感觉。

其实大热未必一定会必死，甚至在数学统计上，大热的球队大热的选项往往是出现次数最多的，但是这句话提醒我们，每当我们看到有真正的热门比赛热门选项的时候，我们必须有一个防冷的意识，而这个意识是在足彩当中非常关键的。大热必死，不是一个绝对的概念，而是提示冷门，提示我们在分析比赛的时候用更多的角度、更多的思维来观察一场比赛，不要陷入局部，不要陷入惯性思维当中。这个才是大热必死这句话真正的意义所在。

Q18. 竞彩基于何种原因挑出每天的单固比赛，是否单固比赛都是他们最容易风控的比赛？尤其是单固比赛受让方赢盘多，是否有套路？

单关比赛是彩民最喜欢的，因为大家都知道单关比赛的奖金相对较高，这是因为单关比赛可以单场进行购买，而其他的比赛必须要两场以上进行购买。

非常简单的逻辑就是，竞彩的返奖率是72%，单场比赛的返奖就是如此，而如果不是单关的比赛必须两场比赛串关进行，那么串关就变成了72%乘上72%，这个数值在理论上就变成了50%左右。这在数学上是成立的，因为这个在奖金受益和风险上相互对等，两场比赛的风险必然高于一场比赛，所以风险大，中奖的概率也就降低。

单关场次的多少的确是由机构决定的，但是并非是越少越好。从中国竞彩的角度看，当然希望给大家提供更多的单关比赛，但是单关比赛的数量还受到更多管理机构的要求，并非是体彩机构可以完全自己决定的。从国家体彩角度上看，他们肯定是最希望给大家提供更多单关比赛的，比如2016年欧洲杯及2018年的世界杯，所有的场次都是单关赛事。从风控难度讲，当前的中国竞彩机构完全有能力把控。只是政策原因。

Q19．一场比赛，竞彩低赔狂降水，而其他机构低赔则升水，是竞彩诱盘还是其他机构是敌人？

这个问题问得非常好，因为这种情况在我们的竞彩投注过程当中经常会看到。我们在平常的竞彩投注过程中经常会参考欧洲和亚洲其他机构的指数和数据。在参考的过程当中，我们经常会发现有时候竞彩针对这个比赛给出了低赔，而且在投注过程中奖金还在大幅度地往下降低，然而，我们会发现欧洲或者亚洲其他机构的这个奖金恰好相反，有的时候不但没有降低，而且会持续升高。这就给我们很多彩民带来一个极大的疑问：为什么同样的一场比赛，机构开出来的这个奖金有的高有的低，有的往上走有的往下走，其中的原因是什么？在这本书当中，我为大家反复介绍过相关内容，首先我经常会为大家介绍决定一场比赛奖金高低和让球高低的重要因素有两个，第一个是基本面，第二个是投注量。

我们知道中国竞彩是在中国境内销售，因此竞彩本身是一个单独的奖池，外国机构的游戏本身也单独是一个奖池，每个独立的奖池都会根据自己的奖池资金情况和投注情况，来决定赔付率奖金的高低。比如，某一场比赛，竞彩大幅度地降低了赔付率，降低了奖金，很重要的原因有可能就是中国彩民买竞彩的投注量相对这个结果而言较大，因此代表返奖的赔付率就会大幅度下降。而外国彩民在买他们自己彩票的时候，可能投注量没有那么大，或者大家都在大幅度投注相反的结果选项，因此就会导致目前的这个奖金不但没降低而且还在往上升。所以说看上去是相同的一场比赛，我们买竞彩的时候会出现奖金大幅下降，而外国赔付率在往上升，恰恰是因为在相同的基本面的情况下，有可能就是因为投入量的不同而带来的结果。

对于我们彩民的判断而言，其实我们关注别的机构的指数主要是拿来参考，最终的结果还是要买我们自己的比赛。我们在参考的时候，首先要认定一点，就是这个奖金的变化高低是由投入量带来的，是彩民投注了真金白银之后带来的一个奖金高低的变化。我们首先要肯定我们是聪明人，但是其他国家的彩民也不是傻子，他们也有自己独特的资源，有自己独特的信息渠道来获得很多我们所不知道的信息，因此我们要充分地关注他们的奖金的变化。关注外国彩民的投注量和奖金变化，其实对我们进行判断可提供很大的帮助。

20. 除了单选竞彩之外，还有混合过关、自由过关与“M串N”，它们是什么意思?

在过关投注中，还有混合过关、自由过关和“M串N”等概念。

在过关投注中，前后比赛场次均选择同一种游戏投注的为“一般过关投注”，例如，选择两场足球比赛，均投注胜平负游戏，即为“一般过关”；如果前后比赛场次选择同一运动项目不同游戏投注的为“混合过关投注”，例如，选择足球两场比赛，分别投注胜平负游戏和让球胜平负游戏，即为混合过关。需要注意，同一比赛场次不同游戏不能混合过关，不同运动项目不能混合过关，即足球比赛和篮球比赛不能混合过关。

“自由过关”是一种投注辅助工具，即购彩者选定赛事、玩法后，在规则限制范围内任选过关数，由系统自动排列组合生成若干投注。例如，购彩者选择6场足球赛事的胜平负赛果后，在过关方式选择“4串1”“6串1”，则系统自动将6场比赛组合成15注“4串1”和1注“6串1”一次性投注，生成一张彩票。

“M串N”的原理与自由过关类似，“M串N”当中“M”代表着比赛场数，“N”代表着总投注数。所谓的“M串N”就是用M场比赛，串成N个不同关数的投注，例如“3串4”，就是用3场比赛组成3个2关投注和1个3关投注。

自由过关与“M串N”的区别是，自由过关可视为购彩者在餐馆“自由点餐”，而“M串N”则是店家搭配好的“固定套餐”。自由过关和“M串N”都可以方便购彩者进行“容错投注”，增加中奖机会。例如，购彩者选择6场比赛，如果以“6串1”方式投注，必须全部猜中才能中奖；如采用自由过关“4串

1”方式投注，则只需猜中4场就能中奖。

21. 为什么有的时候，买的竞彩彩票奖金实际金额会有所变化，和串关乘出来的数字并不完全一样?

这个问题是很多细心彩民经常会碰到的。有的时候我们会碰到一个现象，就是按照票面奖金计算出来的钱数和实际票面上给出的总奖金额并不一样，会有微弱的差别，在平常的时候可能大部分人观察不到这一点，而一些非常细心的彩民会有所发现。

这个问题在刚刚出现的时候，也曾经让很多彩民大惑不解，甚至认为这里面有问题，即便是很少的资金，如果很多的彩票累计起来也是一笔很大的收入。但是如果我们彻底了解其中的奥秘就会知道，其实竞彩在奖金的计算上非常科学，采用的是“4舍6入5成双”的规则，而这个规则之下，对于所有人都是公平的。

这个规则就是：

（1）单注奖金= 2元×所选比赛场次的固定奖金额连乘，保留小数点后2位数。

保留小数点后2位数的方法是按照以下规则：

①小数点后第3位数字为0~4时，小数点后第2位以后数字直接舍去。

②小数点后第3位数字为6~9时，小数点后第2位数字加1，其后数字舍去。

③小数点后第3位数字为5且小数点后第2位数字为偶数时，小数点后第2位以后数字直接舍去。

④小数点后第3位数字为5且小数点后第2位数字为奇数时，小数点后第2位数字加1，其后数字舍去。

（2）单票奖金=所有单注奖金之和×倍数。

22. 如何区分阻盘和诱盘?

这个阻盘和诱盘的概念，都是很多彩民在实战中总结的概念，其实在我和很多操盘手的分享中很少听到这些词，但是熟悉这些对于我们分析比赛也的确有很大意义、有很大的帮助。

所谓的阻盘，大家普遍认为一般发生在特定情况下，比如让球的球队实力比较强，受让的球队则是实力比较弱，这样的情况下彩票机构公司为了均衡两边的投注资金，往往会采取阻盘的方式。但是这有一个非常重要的基础，就是机构对于强队也就是让球一方最终取胜有着较大的信心，只有强队一方打出来了才是阻盘，相反如果没有打出来，那么就变成了诱盘。

本质上，我们不相信大部分正规注册的彩票机构会去操作比赛，大部分机构都是基于自己的判断而去进行开盘，因此这个所谓诱盘还是阻盘都是辩证的，很难通过彩民的角度判断。

23. 什么是贴水? 低、中、高水的标准是多少?

我们经常在很多的媒体当中看到贴水这一个说法，基本上指的就是所谓的“水位”，或者说最直白的叫法就是奖金。因此贴水也可以理解为投注双方比赛所获得的赔付率奖金。我们知道在亚洲的体系范围之内，类似于英超、意甲这样的比赛总的贴水也就是总的奖金数应该是1.86。这是一个我们经常看到的标准的奖金数字。也就是说某一方是1.0的奖金的时候，另外一方是0.86的奖金。

之所以会有“水”这样的说法，主要是在中国南方地区和东南亚地区，在历史习惯上大家经常会认为水代表着钱，收水代表着金钱的收入。很多的时候，无论是风水师还是古代的传统，都会讲究把水放在一个特定的位置上面会给大家带来好的金钱收入。在日常生活里，像我们经常会说的薪水就是说工资。

“低、中、高”水位的标准其实不是很固定，简单的区分，贴水可以分为低、中、高三等，即为低水、中水、高水。如果深入分析的话，其实在奖金变化的过程中，我们还可以再次细分为超低水、低水、中低水、中水、中高水、高水、超高水。以亚洲指数的半球盘为例，如果A队让B队半球盘，如A队获胜贴水为0.80、B队获胜贴水为1.04，那么A队即为低水方、B队则为高水方。一般而言，根据大家的习惯，0.75之下叫超低水，0.85之下称为低水，中水大概的位置在0.86 ~ 0.95之间。其中如果再细分的话，中低水大约在0.86 ~ 0.90之间，中高水在0.96 ~ 1.00之间。而之后，高水在1.00 ~ 1.08，1.08之上的就是超高水了。

24. 欧洲指数和亚洲指数之间如何进行换算?

这就需要了解亚洲指数与欧洲赔付率的对应关系。

（1）欧洲赔付率2.30 ~ 2.60对应的亚洲盘为平手盘。

胜率为35% ~ 39%区间，欧洲赔付率为2.30 ~ 2.60之间，这个区间的欧洲赔付率对应的亚洲盘为平手盘。这个区间内交锋球队差距较小、实力相当，因此让球指数给得并不深。如果该区间内欧洲指数的平局赔付率开出3.30数值时，则要注意该数值与基本面的关系，通常说打出平局的可能性较大。但是，也不能排除彩票公司利用这个敏感数值，针对那些看盘老手摆出迷阵。

（2）欧洲赔付率1.90 ~ 2.30对应的亚洲盘为平/半盘。

胜率为39% ~ 47%区间，欧洲赔付率为1.90 ~ 2.30之间，这个区间的欧洲赔付率对应的亚洲盘为平/半盘。该区间内如上盘是主场球队，只能说明其只是拥有一定主场优势而已，双方实力上并无明显差距。如是做客球队让球，则客队要有一定实力优势。

（3）欧洲赔付率1.70～1.90对应的亚洲盘为半球。

胜率为46%～53%区间，欧洲赔付率在1.70～1.90之间，这个区间的欧洲赔付率对应的亚洲指数为半球盘。此时上盘球队的胜率已经达到5成左右，交锋两队的实力差距逐渐拉开。在这个指数中，如果欧洲赔付率在1.70～1.75之间，而亚洲指数的水位在0.80以上，则要注意上盘贴水较高于折合水位，上盘赔付较高，不胜的可能较大。

（4）欧洲赔付率1.60～1.70对应的亚洲盘为半球/一球。

胜率在53%～56%区间，欧洲赔付率在1.60～1.70之间，这个区间的欧洲赔付率对应的亚洲指数为半球/一球盘。此时说明交锋两队的实力差距很大。在这个指数中，如果欧洲赔付率在1.60～1.65之间，亚洲指数却是半/一高水，此时让球方就会很危险了。如果让球方在半/一低水，那么胜率就会相对大些。

（5）欧洲赔付率1.45～1.60对应的亚洲盘为一球。

胜率在56%～62%区间，欧洲赔付率在1.45～1.60之间，这个区间的欧洲赔付率对应的亚洲指数为一球盘。此时交锋两队已经完全不在一个级别。根据实战总结，亚洲一球盘所对应的欧洲赔付率越接近1.45时危险系数越大，反而接近1.60数值时强队的胜率才有所增加。这一点，在本书后面部分的各大联赛盘路研究中会得到验证。

（6）欧洲赔付率1.35～1.45对应的亚洲盘为一球/球半。

胜率在61%～66%区间，欧洲赔付率在1.35～1.45之间，这个区间的欧洲赔付率对应的亚洲指数为一球/球半盘。此时显示强队的胜率已经超过6成。在理论上该区间的欧洲赔付率越接近1.35数值，让球方胜率就越有保证。

（7）欧洲赔付率1.25～1.35对应的亚洲盘为球半。

胜率在65%～72%区间，欧洲赔付率在1.25～1.35之间，这个区间的欧洲赔付率对应的亚洲指数为球半盘。这样的指数，当欧洲赔付率在1.30以下，一般强队都能顺利打出。如果欧洲赔付率在1.30～1.35之间，让球方不胜甚至被爆冷的危险系数就会明显增加。

25. 杯赛小组赛之后，特别是最后一场比赛的指数还能信吗？

我大概了解您要问的意思，其实这个问题问得非常有意思，因为就在2018—2019赛季欧冠比赛小组赛阶段的最后一场比赛中，就的确出现了大量的类似问题，很多看上去指数情况非常乐观的比赛，最终打出了非常怪异的结果。很多指数给出绝对深指，也就是给出某队强大优势的情况下，却无法打出，这个情况在这个赛季的欧冠小组最后一个比赛日的时候出现得非常多。

但是即便如此，我们还是不能简单地去判断，因为就像前文一直在强调的，机构对于比赛的分析和判断是有一定之“规”的，但是他们同时又是在随时变动的。因此这次的比赛开的数值可能相对较大，可能无法打出，但是并不意味着下次也同样无法打出。我还是建议您针对这样的比赛，还是更多地从临战战意去判断，一般欧洲球队的战况受到战意的影响很大。

26. 一般球队的状态大概多久是一个起伏的循环？

这个问题在前文当中已经有过了一些介绍，如果大家仔细研究数据的话，会发现在很多时候，球队的状态往往在5轮比赛或者8轮比赛之间有一个变化。这个概念是足彩刚刚出现的2002年前后，我在进行大量的数据统计过程中发现的，然后这个情况就在未来反复出现过很多次。我当时也非常疑问这个数字规律出现的原因，后来和很多专业足球运动员和教练进行了沟通，大家认为这个规律是符合运动生理学的，因为在很多人体的运动生理上，一个月大概是一个人正常的生理周期的节奏，而这一个月恰恰是4周，按照足球比赛恰恰是4～5场比赛，而8场比赛恰恰是两个月的正常比赛量。在这个过程里，球员和球队的整体状态必然会出现一个阶段性的起起伏伏。所以，在竞猜当中，如果遇到5连胜或者8连胜或者连平连负这样的数字，之后都往往会出现变化。

第八章
赛会制比赛竞猜的秘密

一、竞猜世界杯需留意的几个细节

每当世界杯脚步临近，足球狂欢节即将开启前，竞彩足球游戏已经开售世界杯前两轮32场小组赛，世界杯冠军、冠亚军竞猜也已开售，重量级赛事和多样的玩法让球迷朋友们眼花缭乱，购彩者在感受竞彩带来的乐趣的同时，还有几点细节必须要注意。

1. 加时赛区别对待

竞彩足球游戏胜平负、让球胜平负、总进球数、半全场胜平负、比分五种玩法都只猜全场90分钟（含伤停补时）的比分结果，加时赛并不计入当场比赛结果。其实这一规则对竞猜世界杯赛事有一定好处，因为进入淘汰赛阶段后，球队会把比赛当作120分钟的比赛来踢，即使90分钟打不开局面也不会强求。

2. 冠亚军竞猜不分序

冠亚军竞猜，即不分顺序竞猜世界杯冠亚军球队，也就是猜哪两支球队最终进入决赛，不必分清谁是冠军、谁是亚军。

3. 停售时间延后

世界杯期间竞彩足球游戏将大幅延长销售时间，保证购彩者有充足的购彩时间。通常根据初步安排，世界杯期间，各比赛日竞彩游戏停售时间将延后至次日凌晨最后一场世界杯比赛开赛时间（次日凌晨02：00或03：00），若当日最后一场世界杯比赛开赛时间早于24：00，则停售时间为当日24：00。世界杯休赛日停售时间为当日24：00，遇周末不再延后停售竞彩足球、篮球各游戏。

4. 暂停销售状况

世界杯期间竞彩足球各种玩法，以及冠军、冠亚军竞猜，都可能出现暂停销售的情况。

所有世界杯比赛进行期间，冠军、冠亚军竞猜将暂停销售，因为理论上任何一场比赛都可能对冠军归属产生某种影响，需要赛后调整奖金后再开售。

如果一场比赛进程可能影响到其他比赛结果时，将暂停销售相关比赛。例如，A组最后一轮如可能影响B组球队的淘汰赛对手，因此A组比赛期间B组比赛会暂停销售。

一些极有可能产生默契球、默契比分的赛事，也将视情况而停售。例如，如果两队打成“1：1”“2：2”即可携手出线，那么某些玩法也会暂停销售。

二、如何竞猜比赛总进球数

每一届世界杯都会诞生许多经典的瞬间，其中绝妙的进球是这些瞬间的核心。对球迷们和购彩者们来说，一场比赛的进球总数意味着比赛的精彩程度和大奖的归属。在竞彩足球的五种游戏玩法中，猜“总进球数”是其中难度较高的一种。因为一场比赛进几个球具有很大偶然性，在0、1、2、3、4、5、6、7+中都有可能出现。8个选项的存在也就意味着准确命中的难度很大，但同时高难度所带来的高奖金也是购彩者们所津津乐道的。那么如何更准确地去预测一场比赛的总进球数呢？

从往届数据来看，自1962年智利世界杯起，世界杯的场均进球数均在3球以下，而巴西世界杯的场均进球数虽然较之前的5届杯赛有所增长，且不乏荷兰5比1胜西班牙、法国5比2胜瑞士、德国7比1胜巴西这样的超大比分，但最终还是停留在了场均2.67个。而这也给广大购彩者们指出了一条明路，世界杯上场均进球很难高于3球。

根据这一数据，具体到比赛中，我们可以把“2.5球”作为参照标准，小于2.5球为“小球”，大于2.5球为“大球”。在小组赛强弱分明的比赛中出现3球以上的概率是最大的，另外参考巴西世界杯，两支强队的对话，也可能出现一方状态爆表、一方状态持续低迷从而出现大比分。而到了淘汰赛阶段，由于双方实力接近，加上双方更加谨慎，进球数必然随之下降，出现0、1、2的概率会很高。

由于“总进球数”的固定奖金较高，购彩者在判断了“大小球”后，可以采用复式投注。例如，如果判定这场比赛“大球”的概率较高，则可以复选3、4这样的选项；如果看好出现“小球”则可以复选0、1或1、2。这样只要命中其一，就可以保证盈利。如果出现双方实力极为接近的比赛时，则可以复选2、3这样最接近场均进球平均值的选项，因为这两种进球数出现的概率最高。

需要注意的是，猜胜平负游戏只猜90分钟（含伤停补时）的胜平负，不包含加时赛。以世界杯决赛德国VS阿根廷为例，虽然德国通过加时1：0战胜阿根廷，但90分钟的进球数为“0”，因此最终竞猜结果也是“0”。

三、让球胜平负玩法攻略

竞彩“让球胜平负”自上市以来，迅速受到了购彩者们的广泛喜爱，成为了竞彩足球游戏的主流玩法之一。

让球胜平负，即竞猜全场90分钟（含伤停补时）比赛主队进球加减“让球数”后的胜、负、平情况。例如，上届世界杯揭幕战“俄罗斯（-1）VS沙特”，这表示俄罗斯让沙特1球，如果最终俄罗斯1比0胜出，则按照1比1计为让球平。这种玩法将胜负关系进一步细化，通过让球的设置让比赛的悬念丛生，为购彩者提供更多的玩法和乐趣。

让球玩法的出现有利于购彩者赢得更高的奖金。一般强弱分明的比赛，强队获胜的奖金往往较低，例如上届世界杯C组第一轮 “法国VS澳大利亚”的比赛，胜、平、负的奖金分别为1.13、5.80、14，显然法国取胜概率很高，但1.13倍的奖金回报偏低。而让球玩法的出现，则改变了这一尴尬的局面。“法国

（-2）VS澳大利亚”的胜、平、负的奖金分别为2.69、3.70、2.05。不论出现何种结果，购彩者们如果正确选择都会获得不错的奖金回报。

另外，让球玩法简化了购彩者的投注选择。让球的设置其实相当于合并了让球方“平”“负”两个结果，把比赛的结果简化为“胜”和“不胜”两个选项。例如，世界杯H组首轮“波兰（-1）VS塞内加尔”的比赛，虽然从世界排名上看，波兰队要高出塞内加尔队不少，但塞内加尔队的阵容并不逊于波兰队，不败的可能性不小，而作为H组这样一个实力平均的小组，首场小组赛双方都会以稳为主。因此，如果购彩者朋友们判断波兰队不胜，可以直接选择波兰“让球负”，比复选平、负更加简单。同时在串关玩法的投注中，大量的复选也会造成投注成本的提高。如果在部分比赛中，单选让球赛果，可以有效地减少投资成本。

四、如何参悟比分“玄学”

随着世界杯的到来，相信每个球迷和购彩者心中都有自己的32强夺冠线路图，并早已选定了自己心目中的八强、四强乃至冠亚军的归属。但对于一些高级购彩者或者是竞彩小白们来说，猜比分可能是最考验水平、最刺激的一种玩法了。

在竞彩足球游戏的五种基础玩法中，“猜比分”是公认的难度最大的一种。要在31个选项中准确猜出一场比赛的具体比分，需要对比赛双方的实力对比、战术特点、比赛态度、士气状态等因素都有深入了解，有的时候运用一些“玄学”甚至比理性分析更加靠谱。这也是为什么竞彩小白们可以参与其中的原因，也许一战之后就从“青铜上王者”变成众人崇拜的“大神”。

其实，猜比分游戏好比是竞猜“胜平负”和“总进球数”的结合体。要玩好这个模式，首先要熟悉对阵的双方实力，不仅要预测比赛的胜负走势，还要对双方攻防两端的实力进行对比，预估双方比赛的总进球数。因此，最好选择实力差距不大的比赛，这样可以尽可能避免出现大比分。但也真的有神人成功预测了巴西世界杯小组赛荷兰5比1胜西班牙的比分，所以说“玄学”的力量也是很重要的。

有了这样的了解之后，就可以开始一场比赛的比分预测。例如，揭幕战往往双方都比较保守，如预测总进球不超过2个，东道主不败，则可以复选1：0、1：1、2：0这几种，反之反选即可。

但当遇到主队实力明显高于客队，例如上届“比利时VS巴拿马”，可以选择比利时胜，包括2：0、3：0、4：1这样的选项。这种方法可以最大限度地求稳，因为猜比分的奖金很高，只要命中就可保证不错的奖金回报。

综上所述，猜比分是竞彩足球的几种玩法中最难的，但也是最有可能赢得大奖的一种模式。特别是在近几届世界杯场均进球都不过3的情况下，在离奇比分一届比赛不超过5场的情况下，场均2～3个进球已经成为了常态。不论是有经验的高级购彩者还是“玄学”玩家们，都可以抓住这四年一届的足坛盛宴，在这种竞彩模式中斩获大奖。

五、猜半全场胜平负有诀窍

随着世界杯时间的日益临近，购彩者们的热情也高涨了起来。在竞彩足球游戏的五种玩法中，半全场胜平负竞猜受到很多高阶购彩者的喜爱，一是这种玩法对技术要求高，二是这种玩法的固定奖金较高。猜半全场胜平负的基本技巧是先猜全场比赛胜平负，再猜上半场胜平负。这就需要充分考量球队特点，是上半场先发制人，还是打持久战，下半场最后决胜。其实猜半场胜平负还是有很多窍门，购彩者朋友不妨尝试一下。

首先，是可以优先选择强弱分明的比赛，例如上届世界杯小组赛中“法国VS澳大利亚”“比利时VS巴拿马”等。投注的时候可以直接选择强队“胜胜”或者弱队的“负负”，然后进行加倍投注。由于这种强弱分明的比赛强队往往不会采取消耗战，而是希望尽早确立领先的优势。如果实在不放心，可以补一个半场平、全场胜，从而增大中奖的概率。

其次，是选择双方实力接近的比赛。这类比赛出现半场平局的概率较高。世界杯的比赛，在面对实力接近的对手时，双方都不希望先丢球而稳固防守。特别是在小组赛第一轮中，稳字当头是许多球队取分的法宝，在下半场寻找机会。

最后一个窍门是将小组赛前两轮与最后一轮、淘汰赛区别对待。小组赛前两轮，往往许多球队都还没有到生死时刻，球队在场上能够放开手脚，敢于进攻，上半场出现进球的概率较大。而小组赛最后一轮和淘汰赛阶段往往一场球就将决定两支球队的命运，这样的比赛中，每场都是生死战，所以双方都会更加求稳，或是为了晋级名额出现一场攻守大战。所以这类比赛半场出现平局的概率较高。另外，从近几届世界杯的情况看，淘汰赛阶段想要逆转的难度很大，因此选择“胜负”和“负胜”选项要相当谨慎。

第九章
中国足彩专家
个人经验汇总

一、足彩二分法

作者：肖纪——著名足彩玩家，实战经验丰富。

我认为分析一场比赛，需要从基本面和指数面两大方面入手。一场比赛的基本面主要是指参赛双方的实力强弱、阵型打法、近期状态、战意心态、体能储备、人员伤停、对战往绩、赛场天气和积分排名等。对于任何一场比赛来说，基本面都是决定比赛走势、结果的最重要因素，也是我们能否盈利的关键所在。基本面林林总总分为十几个模块，如果我们在分析一场比赛时做到面面俱到是相当困难的，所以必须对这些模块按重要程度进行排列，以便我们更好地厘清自己的思路。下面我按重要程度为大家来梳理基本面模块。

首先，我认为交战双方的近期战绩要比过往交锋记录重要得多，因为近期战绩体现出的是球队当前的实力。过往战绩虽可以作为评判实力的依据，但毕竟时间间隔较为久远，人员更迭等因素会降低这个指标的效用，过分地看重过往战绩无异于是“刻舟求剑”。

其次，我建议大家可以把更多的注意力放在球队战意方面，而不用过分担心伤病、停赛这些短时人员变更所来带来的影响。在高水平的职业足球赛场，少数位置的球员更换并不会给整场比赛带来巨大的变化，反倒是代替登场的球员可能更急于用出色的表现来证明自身价值。还是那句话：战意至上！

最后，阵容打法是一项我们需要考虑的因素，但没有必要去深究。足球比赛是场上球员之间的战斗，更是两边主帅的战术博弈，球队阵容打法、球员之间的对位也在悄然之间发生改变。过分地思考这类问题只会让我们深陷其中，最终成为一种负担。

大家平时如果想要更多地了解基本面，必须多看、多查、多关注，需要长期跟踪才能够获取到最有价值的信息。另外提醒各位，一定不要简单地去网站查找近期战绩、积分排名等基础信息，这样做极易被片面的资料所误导，从而影响最后的投注结果。

我们在购买竞彩时，指数面的分析自然也是必不可少的环节。指数面大体由两部分够成：第一部分是机构开出来的初值，其代表机构对于一场比赛的观点和态度，是由大数据分析得出的结果，参考性极强。第二部分就是指数的运行变化，机构开出初值到比赛开始之前这段时间，指数变化也都在无时无刻地进行之中，它代表了市场对于比赛结果倾向性的改变趋势，反映出彩民或者投资者对于比赛的观点和青睐程度。大家分析比赛的指数面要从初指和指数变化（即竞彩SP值变化）两方面入手，这样才能较为准确地把握一场比赛的走向与结果。俗话说得好，“授人以鱼不如授人以渔”。大家在购彩的道路上不必盲目跟随别人的注单进行购买，最好能够通过竞彩培训师的讲解，进一步学习、探究购彩技巧，为长期稳定的盈利奠定良好的基础。

二、南美赛事投注技巧

作者：叶彤——资深媒体人，号称“南美小王子”。

南美的足球赛事主要包括巴西甲、阿甲、智利甲、解放者杯和南俱杯，南美赛事不同于我们关注的五大联赛。首先从观看角度来说，由于转播条件和原因，你就无法看到更多场次的比赛，因此对于基本面了解有限。所以拿到一场南美比赛，在基本面层面，需要进行更深层次的分析。

第一步，先要了解球队近况。这里所谓的近况通常是最近5到10场正式比赛的情况，这其中包括：

第一，近期胜负情况及排名情况。近期胜负情况重要性无需多讲，近期的战绩代表了球队的状态，是重要的参考指标。排名情况更重要的是看争冠及保级部分，在这里要着重说保级部分的情况。因为南美联赛地处南半球，季节和我们正好相反，像阿甲和智利甲都分春季联赛和秋季联赛。赛程的复杂也带来了赛制的复杂，例如阿甲降级制度就是要看多个赛季的综合成绩，因此球队排名也直接影响到两队间战意。

第二，得失球。近期的得失球情况折射了一支球队近一段时间攻击线和防守线展现的能力。对于南美球队而言，由于球员的个性化比较明显，相比起欧洲主流联赛的球员，很难保持持续稳定的状态，状态飘忽得相对明显。特别是对于前锋而言，脚感和射门的节奏感的重要性就会凸显。

第三，主客场近况。特别是对于解放者杯和南俱杯等洲际杯而言，主客场是巨大因素。比如我们都记忆犹新的去年巴西队集体吸氧的画面，成为媒体和球迷热议的焦点。玻利维亚的高原主场拉巴斯被称为地狱主场，这块球场的海拔高达3600米，对于普通人来说，都会有高原反应，更别说那些要满场飞奔90分钟的足球运动员们，所以巴西队被实力远远不如自己的玻利维亚逼平，也就显得十分正常。当然，这只是标志性最强的例子。再比如地处南美大陆北端的哥伦比亚，如果是处于巴西阿根廷南段的球队要去比赛，也需要进行长时间的飞行，舟车劳顿势必会对竞技状态产生影响。

第二步，了解两队近两赛季的交锋情况。刚刚说到南美球队个性化非常明显，那么也就带来了球队风格的突出化。比起欧洲主流联赛程式化的青训模式“产品”，南美的球队更显出个性十足，一支队伍的攻防属性更加明显，某支队伍攻强守弱或者守强攻弱的现象普遍存在。大胆说一句话，近些年并没有哪支南美俱乐部能够成功实现攻守平衡。那么在这样的前提下，了解两队是否球风相克就变得非常重要。

第三步，结合两队进球数的指数分析比赛。有时候我们不能被主观意识所左右，在我们眼中南美的拉丁派足球进攻总是打得有声有色，但其实并非这么简单。举个例子，2017到2018年，阿甲联赛场均进球不足2.4个，这在我们熟悉的联赛中几乎排名后几位。因此根据进球数给出的指数来分析比赛，可以根据指数高低判断进球数的多少，如果一般在2.5以下，比如2/2.5或者2，那么打出小比分的可能性比较大，这样闷平的比例也就占了不小，就可以去博平局。当然这只是一个例子，主要为了揭示了解进球指数的重要性。

第四步，就是关注竞彩SP指数了。之所以放到第四步，并非是它不重要，主要是因为这个指数越临近比赛参考价值越大，要把初指和临场指数结合起来进行深度分析。对基础数据的看法在这里不做赘述，但是要重点讨论一个重要的指数——1.44，当初指1.44时，这场比赛就有可能出现冷门。举一个例子，2018年俄罗斯世界杯，俄罗斯在淘汰赛中遇到欧洲劲旅西班牙，当时指数就给出了1.44，显然看好西班牙队的人更多。结果大家有目共睹，果然在这个指数下，俄罗斯爆冷最终淘汰了西班牙。因此有些特别的指数还是需要特别的注意，这点变化在南美比赛中体现得更加明显。

第五步，逐渐培养对于联赛和球队的了解。这一点非常重要，只有长期了解一个联赛或者一支球队，才能对他们的走向有着更深刻的了解。当然对于南美赛事来讲，这种培养很困难，因为我们毕竟很难看到他们的比赛。在这种情况下，我提出一个建议，大家不妨试试，就是可以在每个联赛选择一支球队，作为自己的主队，哪怕是假想，这样在跟随它了解比赛的过程中可以逐渐熟悉整个联赛。比如你是国安球迷，那么一个赛季下来，你就肯定了解了与它竞争比较激烈的那几个球队，比如鲁能、恒大、上港等。

竞彩的赛事很多，覆盖范围很广，以上就是我对南美赛事分析的一点看法，希望有机会能与大家共同探讨。

三、竞彩2串1的窍门

作者：杨震——竞彩猫主编，资深彩票专家。

现在有时候经常感叹，还是欧洲杯、世界杯的时光好啊！当然我说的不是香榭丽舍大街和形形色色的球迷，也不是莫斯科红场那些带着大草帽的墨西哥人，而是世界大赛的所有比赛都有竞彩单关玩法。那个时候猜对一场就是真金白银的收入啊，现在呢？单关全都没了，想中奖，得先猜对两场！

为什么现在竞彩一场单关都不开了呢？老彩民都知道，就算是五大联赛期间，以前也是每天至少会有一两场单关的。原因当然不是今天的重点，简单说下就行。大致的意思是，目前我国竞彩的发行制度和较高的单关竞彩返奖率不太配套，要解决发行方案中的细节需要时间，所以我估计一时半会大家是看不到单关的恢复了。

其实没关系，单关有单关的玩法，没有单关我们就2串1呗。好，那就聊聊和竞彩2串1有关的一些小数字。

如果不考虑球队实力的因素而单纯考虑数学概率，每场比赛都有胜平负3个结果，那么无论单选猜哪个结果的命中率都是1/3，单选猜中1个2串1的概率就是1/9。这个数字可能不说不知道，一说大家都有点吓一跳。有些人买2串1老是错一场黑单，总觉得是自己运气不好，其实9次才能对1次，这都是正常现象。

如果我们换一个思维方式，把每场比赛的3个结果变成2个结果，那就不一样了。比如说，把一场比赛的结果看成胜和让负两个结果，那么每次单选猜中的概率就提高到了1/2，猜中一个2串1的概率就是1/4，命中率足足高了一倍都不止。

但是脱离赔付率只谈命中率又是没有意义的，如果每次都挑选1.1和1.1的比赛进行串关组合，那么猜中的回报就是1.21。如果想要在这样的赔付率之下获得盈利，那你的2串1命中率至少要达到83.33%才可以。也就是说，6次2串1投注只允许错1次，要猜对5次，那么这6次投注的总盈利就是5×1.21−6=0.05。什么概念呢，每次你投注100块买2串1，6次猜对了5次，心里欢喜得不得了，最后一算账，投入600块，盈利5块钱，盈利率不到1%。那么1.1的2串1组合6次猜对5次的另外一层含义是什么呢？也就是每12场1.1赔付率的比赛，只允许有1场爆冷，否则就一定赔钱了。

我们接着往下算啊，12场对11场，胜率是91.67%。每个懂欧洲指数的玩家都知道，1.10的赢球赔付率背后是有一个胜率概念的，正巧昨天大巴黎2比0击败昂热的比赛，竞彩就开出了1.10的赢球初赔，换算过来当时这个赔付率的胜率也只有80.5%。换句话说，均注无脑买1.1赔付率的2串1组合，肯定是不能赚钱的。

以前估计不少人都玩过无脑低赔串关，结果怎么样就不用多说了吧。超低赔串关，多数都是初玩竞彩的玩家一些想当然的思路。作为老玩家，自然得讨论一点有技术含量的话题。双选串关命中率肯定会高一些，但是回报不够；单选串关赔付率高，但是命中率又没有把握。有没有折中的方案呢？当然有！一场平手盘的比赛，理论上单选猜中的概率就是33%，难度非常大。但是如果挑一场半球盘的比赛，那么结果就只剩下胜和让负两个结果了。而且正常情况下，赔付率都会在1.7～1.9之间。

好，继续来做乘除法。假设两场比赛的赔付率都是1.8，那么串在一起的赔付率就是3.24。如果不考虑技术上的因素，只是无脑选择，这样的2串1应该命中率是1/4，投入400能回324，还是要亏点。不过竞彩毕竟不是完全随机的数字游戏，加入实力分析和指数赔付率分析技巧之后，理论上猜半球盘的比赛，命中率还是肯定要高于50%的，一旦能够把半球盘的比赛命中率提升到70%左右，那么在竞彩2串1中盈利就不是空话了。

当然，这还只是按照1.8的平均赔付率计算的。如果有能力在平半盘的比赛中猜对上盘，那么赔付率应该会达到2.0的水平。这样一来2串1的回报就是4倍，这个时候，单选的命中率只要稍稍高出50%就可以盈利了。

当然，有时候比赛场次偏少，实际情况可能更多是一个高倍+一个低倍组合，这个串子回报也超过了3倍。

当然，有的人说我擅长猜平局，平局赔付率至少都超过3倍，2串1动辄10倍以上。这小算术也简单，大约9次猜中1次就可以盈利啦。所以，对于艺高人胆大的玩家来说，平局或者让球平的2串1，绝对不失为一种看似冒险、实则靠谱的玩法。

以上内容都是小学数学，下面稍微聊点深奥的（这一段如有错误还请指正）：

足彩竞猜和足球比赛一样，在概率论中，应该属于随机现象或者说是不确定性现象。随机现象在分布中有两种，一种是正态分布，还有一种就是随机分布的。比如说你猜2倍赔付率的比赛，正常情况下胜率就是50%，今天猜对明天猜错，对一天，错一天，这就叫正态分布；但如果遇到了3连黑或者是5连红，这就变成随机分布了。所以，理论上9倍的2串1，如果正态分布的话是每猜9次都能中1次，但如果是随机分布，可能猜30次也中不了1次，也可能连续猜中了3次。所以，客观认识到数学，可能会支持你在30次连续不中的时候不气馁，也不会让你在连中3次之后就觉得自己可以掌控世界了。

怎么样，竞彩2串1还有这么多你想得到和想不到的小数学吧。其实这只是聊了一些很粗浅的内容，但是我想对大家更好地理解足球竞彩2串1会有一定的帮助。非常感谢大家的仔细阅读。

四、用财经的思路分析足彩

作者：吕健中——大连人，知名投资人，墨尔本理工大学金融系毕业，新浪微博年度十大财经人物。最喜欢的一句话是：你永远不会独行。

财经和彩票看似分隔不同的两类，其实叫起真来他俩还真属于一家子，因为给予返还彩民的唯一形式是以赔付率及乘积的形式表达，无论在彩票应用方面的凯利指数，抑或必发交易所表达的整体冷热倾向等，不无涵盖了金融工程中的点点滴滴，甚至，涉及最终的倾向和赔付上面与股市也有非常雷同的地方，那就是收益与风险之间的关系。在这里，和大家分享一些多年来的购彩经验和投注技巧。

我个人的购彩方式主要分两部分，一部分是稳健的2×1，这也是咱们足彩体系中返还率最高的一项，而另一部分则是资金成本控制在128元以内的足彩6串1复试，也就是咱们俗话中的长串，主要目的还是为了抓高赔付率博冷。

这两项本质上有什么区别呢？其实还是有的，稳健的方案更像是一种投资行为，更多依靠准确率做长期复利追求，而长串复试更像是投机，抓到2～3个冷门下来奖金成色就很可观了。不过也很常见的就是长串错1的遗憾，这都是很正常的，以小博大本来就依靠的这个，人生中哪能没有遗憾，缺憾美才是真的美。

从投注策略思维看，均注投注的模式是可以长期采取的方案之一，所以资金的分配比例非常重要，要尊重并遵守游戏规则。足彩投资可以当作一份理财事业来做，因此必须要根据自身的财务状况，采取有效并分散的策略，循序渐进地遵守，这样就不会出现因为一个周期内的投注失败而满盘皆输的情况。

故而在投注之前研究基本面情况很重要。所谓的基本面我们不应该完全根据媒体或新闻等报道从而顺势推出结论来，那样的结论是不客观的。因为我们所了解的基本面内容，从机构角度早已先期得知且继而开出赔付率等变化，能给出的赔付率的变化就一定是经过精算后的概率叠加，所以当我们分析一场足球比赛前的投注环境，包括媒体等报道出来的新闻很多是给与了一定的假象或烟雾弹，归根结底，比赛前所开出的初指所对应的赔付率都是涵盖一定概率下的一个客观表达，在此赔付率下是不含有任何利润的，而在更多的赔付率变化之下引导的资金流向，才是机构最终利润最大化的体现。因此我们来分析一场比赛本身，包含的内容不仅包括双方阵容的整体性、搭配、伤病等，还应该对近期的状态进行一定的判断。一场比赛最终的结果是由双方真实的状态决定的，而并不是球员本身的名气能解释的，不然世界杯就不会有那么多冷门的场次出来了。因此，我们在看赔付率变化等内容的同时，需要在极其精准的赔付率精算后得出结果，而我们在投注的时候，更多包含了内心中的情感因素在内的主观因素，这两者其实是矛盾的整体。问题的根源在于，一切感觉都源自于主观感知，缺乏客观量化。

我们会发现有些非常奇特的结果，包括周六早场的五大联赛等经常会有冷门因素出现或强队赢不下指数甚至不赢球的情况，而这些结果最后的涵盖，其实很多赛前在大数据综合结论下已经能给出预判，而体现在赔付率上也会出现很独特的现象。所以早场比赛几乎让很多彩民又爱又恨，爱的是时段好可以看直播欣赏精彩赛事，恨的是投注的彩票最终未能打出如愿的结果。我们看早场之所以存在很大的诱惑性在于其会有很强的逻辑误导植入，因此并不适合做长期投资。

五大联赛中应重点关注本国机构的看法和特点。拿意大利SNAI公司来说，在初值上如果有针对性地对强队赔付率高于其他公司时，就要给与一定的警惕。考虑到本土公司信息来源的真实性和时效性，往往好的比赛给的并不便宜，给出玩家便宜的一方或有诱饵陷阱存在。所以赔付率，往往都是本土公司最早开出的，这种具有独到的准确性的初始赔付率值得大家多参考。

上赛季意大利SNAI公司对意甲早场开出赔付率的特点是：

（1）主强客弱，主升，平降，客不动，容易出平局。

（2）主客实力接近，主队主场略强，客队客场一半，主不动，平降，升客赔，通常排除平局。

（3）客强主弱，但整体实力仍属接近，主升，平不变，客变赔，依然排除平局。

（4）主客实力接近，主升，平降，客赔变动，排除主胜。

当标注欧指与亚指存在较大空间的时候，此时冷热极容易变化，热门一方受到追捧。近一个赛季以来SNAI在开出的早场赔付率主胜在1.22～1.37区间，主胜概率极大，接近80%的主胜概率。但此时亚洲指数却一边倒地泼冷水给出不同意见，此时对应的亚指通常介于一球/球半至球半之间，这时就应该警惕主队作为强队的一方赢球而赢不下指数的可能了。

五、于无声处听惊雷

作者：曲昌春——中国著名足彩专家，央视足彩节目制作人，资深彩票评论人，青年作家。2001年出版中国第一本足球彩票书籍《足球彩票》，2002年出版《2002世界杯大看点》，2003年出版《足彩的革命》，2004年指导北京足彩大户命中足彩头奖678万。从2001年起关注足彩，10年间以主创身份参与足彩历届周年庆典，先后采访过28个省级体育彩票中心。同时也是历史以及文学爱好者，先后创作《唐史并不如烟》《水浒原来很有趣》《水浒那些事儿》《睁眼看历史》《台前幕后》等十余部作品，在业界有着深远影响。

屈指一算，我从事足彩工作已经有18个年头了，比我参加工作的时间还多一年。

2001年初，足球彩票要上市的消息传出，嗅觉灵敏的书商发现了其中的商机，便辗转找到还在浙江大学读研究生的我，让我写一本关于足球彩票的书。正是这次合作，让我进入了足彩领域，一猛子扎进去，再没有出来。

18年下来，如鱼饮水，冷暖自知。

从最初的13场胜负彩，到进球彩，到半全场，到竞彩，足彩走出了一条颇具自身特色的道路，如今已经成为中国大陆当之无愧的玩法之王。

18年下来，有一些心得，在这里与大家做一下分享。

（1）足球领域，还是实力为王。想要玩足彩，还是要对球队实力有个初步掌握，不要求掌握太多，至少要对实力强弱有判断。比如2018年世界杯揭幕战，你得知道俄罗斯的实力在沙特之上，沙特在世界杯赛场的表现非常孱弱，因此这才是俄罗斯揭幕战选择沙特的原因，东道主的比赛，一般都是从最软的柿子开始捏。有了这个基础判断，得出俄罗斯取胜并不是难事，至于赢几个，那需要进一步的推演。

（2）玩足彩还是得有冷门思维。前面说了足球领域实力为王，但并不意味着所有比赛都会四平八稳，在一段时间内，必然会有一些冷门发生。冷门发生一般会有一些前兆，比如核心球员受伤，比如更衣室内讧，比如比赛太多体能跟不上等等，这些需要仔细观察，仔细甄别真假信息，仔细进行各种推演，然后得出正确结论。在这里跟大家分享一个小窍门，越是热门的比赛，越不要人云亦云；越是大家都看好的结果，越要冷静思考。在这个时候，往往真理掌握在少数人手中。

（3）玩足彩多了，想要盈利，其实挺难的。要想有盈利，必须要做到稳妥，别太贪，谁都想小刀锯大树，2元命中500万，但风险永远与收益并存。想要稳妥盈利，就要求稳，竞彩方面就要降低串关的关数，有单关赛事的时候尽量投注单关赛事。串关的话，2串1最好，而且最好是1单1双串关，命中率更高一些。同时要灵活应用让球玩法，增大投注的覆盖率，这样才能在竞彩投注中获得尽可能多的盈利。

（4）玩传统足彩也好，竞彩也罢，时间长了，你会发现，最重要的还是心态。首先要端正好心态，明确彩票说到底还是玩，不能靠彩票发家致富。有了好的心态，会更有利于投注，不会有太重的得失心，反而会在以后的进程中更加从容。另外把玩竞彩的过程，当成一个系统的学习过程，每天进步一点，每天有所收获，这样日积月累，就有望成为一个真正的竞彩高手。

六、来自于实战一线的心得

作者：林同文——中国明星业主，足彩实战派。国内第一批竞彩标准店业主，全国竞彩明星站点优秀店主；福建电视台经济频道竞彩栏目嘉宾，福建电视台TV8频道竞彩栏目嘉宾。腾讯体育《乌拉世界杯》栏目组连线嘉宾，并且在开幕前的节目中，准确预测2018俄罗斯世界杯法国夺冠以及凯恩获金靴，同时单选命中本届杯赛中的多场大冷门。

本人从1990年初开始看意甲并且喜欢上AC米兰，对足球知识和指数有一定程度的认识。这里就简单介绍一些个人理解的内容。

1. 指数

囊括了对阵球队全面的基本面信息、彩票公司投注诱导的方向、后期赔付率引导的方向，以及临场信息的变化等等。其中的原理就是彩票公司根据资讯公司提供的各方面资料以及参考市场同行开盘区位，再结合本国或者本区域彩民心理投注方向的预判断，开出初始指数。而同时，所有的同类资讯公司也会在市场上发出各种符合诱导指数走向的所谓重要球员、球队、花边等各种新闻，以此来吸引彩民上当。大部分投注赛事进入市场投注高峰期后的拉升或者降低赔付率更多的应该只是在平衡指数的投注压力，因此本人不是太在乎这个阶段，除非是有非常特殊的指数变化；至于临场信息的变化多端这块，本人更是不太关注，毕竟那么多比赛，也没有必要非要去投这种，已经投完的就听天由命。因此本人不喜欢在赛事进入投注高峰之后再去分析比赛，因为个人觉得后期受干扰的因素太多，只会让自己混乱。

2. 返奖率

简单形容就是彩票公司返回给彩民的比例，根据每家公司的性质不同而设定。由于竞彩是和香港马会合作开盘的，因此我重点关注香港马会竞彩、澳门彩票以及Oddset、易胜博、interwetten这样和竞彩返奖率相近的公司。而比较常用的手法就是对比法，即我们有句老话说的“不怕不识货，就怕货比货”。越是低返奖率的彩票公司，说明他们越怕赔付压力太大，而开盘的也相对更老实。因此本人会根据球赛的性质，在以上的公司中选取3家左右进行对比，找出其中“最怕死”的那家公司中“最怕死”的那个选项。

3. 个人心得

物有所值必上当：感觉所选赛果搭配开出的赔付率非常划

算的，基本出问题。

实力相当看亚指：两队实力相当，亚洲指数坚挺在平半高水不动首选平局。

名气相当深盘上：两队名气相当，近况相当，让出半一以上指数可看好。

大型杯赛看区段：大型杯赛看举办地，东欧、南美、亚洲地区的要防冷门。

联赛指数全面看：联赛的指数基本上会结合同一轮其他球队以及该球队前后两三轮赛事进行综合评估开盘，因此要留意。

4. 资金分配心理

市场上所有所谓“投注计划”的核心其实是资金控制，而不是“计划单子”本身。同样一笔一万的投注资金，休闲娱乐的心态是每天100元，玩100天下来也不至于全部输完，每天有所期待的同时调剂心情，让自己有良好的精神面对工作和生活。而不是粗暴倍投的赌徒心态，一次失败则全盘失败，甚至影响到工作和生活，最终丢了芝麻还丢西瓜。

5. 假球心理、热门赛事心理

最怕假球的应该是彩票公司，不是我们，赔大头的毕竟是他们。而且即便有假球，也是极个别的，何况各种默契球也是算在假球行列的，所以没有必要太刻意研究这个。

至于热门赛事，彩票公司一定精选实力选手紧盯，我们这种小智商没有必要去鸡蛋破石头。因此，本人基本选择放弃，那么多比赛可以玩，没必要挂死在一棵树上。

七、总进球投注策略

作者：鸟鸟——曾任职香港专业机构资深业务分析师，熟悉赛马、足球、篮球、棒球等投注产品。研究体彩竞技类玩法多年，个人比较倾向于对总进球玩法进行数据分析，通过了解联赛的进球数据模式及球队的攻防策略，协助选择总进球玩法选项，对于提升中奖率有显著效果。

1. 聊聊玩法

竞技类玩法五花八门，种类繁多。有猜赛果的，如猜胜平负、让球胜平负、半全场胜平负、上半场胜平负等；有猜比分或角球相关的玩法，如波胆（比分）、总进球、大小球、进球单双、角球大小等；还有猜球队或球员相关的玩法，如首名进球球员、第一队进球、下一进球队伍、球员特别项目等；以及锦标赛玩法，如冠军、冠亚军、胜出洲、小组首名、小组一二名、晋级队伍等。

从彩票公司的角度也可以分为三大类游戏玩法。

投注量驱动类型：此类游戏产品对于促升投注量的作用很大，但对于彩票公司来讲可以获取的利润空间不高，而这类游戏产品的赔付率通常不高，顾客也容易理解、较易猜中。也是大部分顾客们喜爱的主流游戏玩法，如胜平负、亚洲盘、大小球、让球胜平负、半场胜平负、进球单双及第一队进球等游戏。

利润获取类型：这一类游戏产品可以带动的投注量并不是很高，但彩票公司利润比例较高。这类游戏产品的赔付率通常比较高，相对难猜一些，如波胆（比分）、总进球、半全场及首名进球球员等游戏。

刺激投注量类型：这类游戏产品以走地盘的玩法为主，顾客可以随时根据赛事的变化进行投注，而彩票公司也会实时更新玩法的赔付率或让球数字，也是最能考核操盘手的玩法。而因为这类走地玩法十分刺激，也深受顾客们的喜爱，同时可以在赛事进行中刺激整体投注量，如走地大小球、走地胜平负、走地波胆（比分）、走地下一队进球及走地角球大小等。

2. 聊聊总进球

鸟鸟并非操盘人员，从游戏的角色来讲，鸟鸟只是个玩家，对于鸟鸟来讲，所有的玩法只有两类，即盈利型及非盈利型。而性价比低的竞猜游戏有很多，如胜平负、让球、亚洲盘、比分、半全场等等，但性价比较高的竞猜游戏玩法只有一种——总进球。

为什么说胜平负等玩法是性价比较低的竞猜游戏，因为这一类玩法需要玩家对胜负有个预判。一般玩家以球迷或赌徒为主，但如果玩家对赛事及球队比较熟悉的话，难免会有误判，当然有人觉得只要熟悉指数，可以把命中率上调至70%~80%，个人认为指数的各种理论只是基于操盘手开出的数次指数进行统计，总结规律有一定的辅助作用，但还是难免会出偏差。记得有个风控操盘手的朋友告诉我，每个操盘手的操盘手法各有不同，而且定期也会因为风控策略的改变而调整开盘的定价，而在后期因为球场内外的影响因素而调整指数的手法更是多得数不胜数，而这些个中道理，一般的玩家是不会掌握的，所以鸟鸟认为竞猜胜负类游戏的难度还是较大的。

那为什么总进球是性价比较高的竞猜游戏，主要有两个原因：

（1）总进球只是猜两个球队的进球数字总和，玩家并不需要过多考虑胜负因素，可避免因对球队的个人倾向所带来的投注偏差。

（2）总进球玩法需要更多地了解双方的攻防能力，来判断进球的数量。相对胜负而言，总进球玩法的数据参考作用更为明显，如果以小包围的方法多选几个选项有助提高投注命中率。

3. 不同公司间总进球玩法的分别

市场上的总进球玩法大致分为两类：

（1）猜总进球数字。如马会足智彩及竞彩的总进球玩法，竞猜一场赛事双方球队的总进球数字，受注选项从0球至7+（即7球或以上的进球数字）共8个选项。

（2）猜总进球范围。如澳门彩票娱乐公司的总进球玩法，竞猜一场赛事双方球队的总进球数字范围，受注选项包括0～1球、2～3球、4～6球和其他进球共4个选项。

上述两种总进球玩法的最大区别在于赔付率及难易度的不同，相对来讲，澳彩竞猜总进球范围更容易一些，但赔付率也会较低一些。

4. 总进球玩法的投注思路

小包围过4关，保本博冷。

通常总进球玩法每个选项最低赔付率在3～3.5倍之间（偶尔也会出现最低赔付率在2.85倍左右的时候），所以每关3个选项，如果4关都命中最低赔付率，至少可以达到基本回本儿或小亏10%~20%的效果，但如果幸运命中冷门赛果的话，奖金还是相当丰厚的。至于小包围投注思路可获奖金的多少，可以参考实际案例。

5. 总进球玩法的投注策略

鸟鸟一直以为中奖的机会四成是靠自己的准备功夫，而六成是靠您的运气如何，而这四成的准备功夫就是鸟鸟的总进球投注五部曲：

（1）选择联赛。每个周末联赛场次众多，在众多场次中选出4场命中机会稍高的场次确实不易，所以先要对联赛有所认识。如2017—2018赛季中五大联赛总进球1～4球比例占78%，而1～3球比例占64%，基本五大联赛都是遵循这个规律。意甲除外，意甲的2～4球占比64%。这些数据都是我们需要知道的。

（2）选择球队。联赛中的球队进球数字也以1～4球占比较高，但我们在选择进球选项时，需要防止冷门爆出，如0球或多于5球的赛果出现，所以我们需要了解哪些球队是0球部队或大球军团。

0球部队：德甲的弗赖堡（17.6%），意甲的国际米兰（15.8%），西甲的莱加内斯（15.8%），法甲的蒙彼利埃（15.8%），英超的南安普敦（13.2%）。

5球军团：英超的西汉姆（23.7%），法甲的里昂（23.7%），意甲的桑普多利亚（23.7%），德甲的莱比锡红牛（17.6%）。

（3）复查双方最近的十场联赛主客场成绩。从双方最近的主客成绩中了解双方最近的状态及攻防能力。

（4）复查双方最近的六场联赛对战成绩。最近的六场对战成绩代表双方最近三个赛季的交锋数据，已经可以说明问题，再追查之前的战绩意义不大。

（5）复查最近相似的亚洲指数让球及大小球赛果。通过了解最近相似的亚洲指数让球及大小球赛果，大概了解彩票公司对球队的看法，从而判断在实力差距下的进球数字。

当然即使做到以上的五部曲，也并不代表你可以完全猜中，但至少可以加倍提升你的投注中奖概率。那么接下来的就是希望赛事按照您的预想顺利进行，和祝自己好运了！

八、先分类型　再定思路

作者：杨澍——江苏省首席足彩培训师。

每一个人的人生都会在不同的阶段面临不同的选择。因为机缘的巧合，我从一个体育媒体的从业人员最终成为国家体育彩票中心认证的足球彩票培训师。现在看起来似乎是命中注定的，但确切地说，应该是一种对足球的喜爱，成就了这种人生转型。感恩牵手中国体育彩票，感恩足球彩票传统游戏，因为从业将近二十年时间里，在中国足球彩票传统胜负彩中带领团队中得很多次一等奖，成就了第一桶金。

之后很长一段时间里，在受邀全国各省市的彩票中心的培训当中，和很多业主彩民做过交流及组织培训。在和他们接触的过程当中，大家其实都问过一个相同的问题，也就是如何才能提高足彩的预测准确率。也有很多人觉得十分不解，就问我怎么样去分析和判断比赛会出正路还是冷门，其实影响比赛赛果的因素非常多，我也时常在思考一个问题，怎么样才能总结出足彩赛事竞猜当中的一些方法和思路。最终我得出个粗浅的结论，在这里和各位分享。在分析比赛之前，一般情况下我把比赛分成两个类型，一个是国际赛，也就是国家队与国家队之间的比赛，另一种类型就是各国联赛，我始终认为这两种赛事类型是需要有不同的思路去判断和分析的。再去细化一下，我认为分析国家队赛事，最重要的一点是需要有基本面的知识，也就是在分析国际赛的时候，我们要去参考之前的交锋往绩。或者是去看这场比赛的出场阵容以及这支球队的基本面的情况，也就是说在判断国际比赛的时候，你需要把基本面放在第一位，你对这两支球队一定要有深入的了解，相对来说其实就需要有更多的足球底蕴。我们在平常培训当中遇到很多的业主或者彩民会觉得国际赛特别难判断，这是为什么呢，就是因为日常他们更多地是通过数据面去分析比赛。要知道国际赛跟联赛最大不同的就是他们的交手记录往往会比较少，完全不同于联赛那些球队每个赛季都会交手至少两次。而国际赛事在更多情况下只能依赖的是你对球队基本面的了解，而不是数据面的提供。所以这就是为什么很多玩家觉得国际赛不太好猜而联赛相对来说比较好判断的其中一个主要原因吧。

相对而言，竞猜联赛的时候，我觉得可能对大多数彩民来说比较简单。但是如何看待以往交手的数据？这里给大家提个建议，就是大家在看这些以往销售数据的时候，应该更多地结合同主客场情况下和相似背景情况下的亚洲指数的数据和欧洲指数的对比，从中往往能够反映出机构对于现在这场比赛的一个基本的预判和态度。

大家肯定又会再问，如果去选择比赛？毕竟每天那么多场比赛，每个周末也有那么多联赛，我觉得肯定是有简单的办法，或者说投机取巧的办法。我倒是可以给大家一个建议：大家应该关注亚指的盘路。如果你从赛季开始就重点观察每个联赛的重点的几支球队，你可以发现当某一个球队连续在盘路输盘或者走盘，这时候你可以优先去选择这支球队，至少去关注他是否有可能在目前进行的一场赢球赢盘。举个例子吧，诸如18/19赛季的意甲刚刚揭幕，C罗转会到尤文，尤文开局阶段在客场连续两场赢球但都输亚洲指数。第三个客场对阵保级圈的球队弗罗西诺里，这场比赛尤文开的是1.5/2球盘。从此前尤文输盘的背景下机构开这么深的指数来看，上盘尤文图斯不至于特别热，这样的情况下呢，赢半个盘的可能性是极大的。这种情况下，如果你选择相信尤文的话可能就是一个比较好的选择。

我想和大家探讨的最后一个问题，也是大家经常问我的，在亚洲指数的初盘和临场盘之间，究竟谁更值得信赖。其实对于这个问题相信不同的人都有不同的理解，我只能说根据我自身的经验来分析一下。我一直认为初盘相当重要，因为大家要理解一点，初盘严格意义上是机构在一场比赛之前综合各方面因素所给出的一个数据，那么这个数据应该说是包含了各种变化的可能性，而临场盘所指的就是开赛前半小时或者二十分钟、十分钟的那种变化。我始终认定两个原则：第一，如果出现临场异动的指数，首先建议大家直接放弃，这多简单呀，对不？第二，我坚持认为，临场会有一些比赛奖金赔付甚至于指数的变化，假设有十场比赛临场数据有变化，其实最终是因为临场的投注量变化导致最后结果发生变化的，只能在这十场比赛当中占到两三场，而绝大多数临场的变化都不至于对比赛最终的结果有太多的影响，相反，更多的是来自机构的混淆视听。

最后还有一句话和大家分享：永远走在多数人的对立面吧，孤单的独行者往往看得更远更清楚。

九、成事在人　谋事在天

作者：宋昭毅——竞彩猫联合创始人，著名足彩专家。

接触足彩已经接近20年了，在足彩13场的时代，曾经推中过五百万大奖，也曾吃过很多火锅。竞彩则是从2010年世界杯时开始，这才意味着开始逐渐与国际玩法接轨了，事实也证明了这一点。这些年竞彩销量不断走高，不仅仅有玩法上的进步，同时中心推行的一系列运营方式和规则上的不断修正也起到了积极的影响。

我想很多专家已经在他们各自的文章当中详细阐述了他们的一些分析方法，其实这些方法，无一不是大同小异，比如指数差异化的对比、基本面走势的分析等。我这么多年来大概也是参照这些方法，再加入个人的一些感觉，来得出对于未来一场比赛的判断。但无论是哪种方式方法，根本还是来自于基本面，如两个球队之间的技战术打法是否相克、球队的战意如何、两支俱乐部的关系如何、主力阵容的伤停情况等，不一而足。在做了上述许多基本的功课以外，购买者们应该还需要掌握一些基本的指数知识。能力比较强的呢，可以尝试自己给一个指数上的方向，再来看看实际开出来的指数与你所想的差距有多大，这一点对于比赛的基本判断还是非常重要的。对于投注来说，这些所谓的技巧是一方面，但同时，很大程度上也依赖运气的好坏。因为基于竞彩的玩法，所有的分析行为在开场前都已经完成了，比赛中的一些突发状况并不在我们掌控之中，比如红牌、误判、伤病等。我们当然是倾向这些突发情况都发生在我们预测的结果的对手一方，这毫无疑问会大大增加我们分析的命中率，但事实上是，我们既占过类似的便宜，也没少吃过亏。这些，就都是我所说的运气成分了。

当然，购彩不是光靠运气。毕竟来自体彩中心的数据显示，购彩者的投注返还率通常来说都无法达到所谓的68%，甚至在2014年巴西世界杯，这个数字都不到50%，这意味着赢家永远都是少数。作为购彩者来说，每个人可能都有着自己的主观判断，但最重要的根本还是要注重基本面的积累。基础越扎实，胜算越高一些。中国竞彩的操盘手们的水平还是非常高的，我们也要注意他们开盘的方法，如为什么这么开、他们掌握了哪些我们不知道的数据。在欧洲指数和亚洲指数还有竞彩指数差距较大的时候，越是要谨慎对待。如果你能猜对竞彩操盘手对于开盘时一些细微数据的差异的原因，那么恭喜你，你距离分析正确已经不远了。总的来说，客观事实做基础、主观思路做决定是比较好的方法。如果一段时间，准确率不稳定，也可以尝试在下了初步判断以后，反向思考自己的选择，或有惊喜哦。

我刚刚说过，购彩者们的长期收益并不十分理想，大多数会处在亏损的状态下。这就提醒大家不要存在孤注一掷的心态，每天都有比赛可以去投注，事实上比赛对于人的一生来说是无穷尽的。我们在投注时的心态同样重要。分配好资金，不急于一城一地的得失，有积极健康的心态，对于长期购彩有利无害。祝大家理性购彩的同时，也都可以有可观的收益。

第十章 彩票心理学

一、如何度过低迷期

如何处理状态低迷的时期，我相信，这些时候人人都会遇到。

状态好的时候天下无敌，怎么买怎么中，即便什么都不看也可以凭借感觉中奖，那个时候你的感觉一定是认为自己简直是刘德华、周润发、周星驰那样的赌神在线，一定是天将降大任于斯人也，一定是开始蔑视这个世界。哦，怎么这个世界上竟然有这么多傻瓜机构排队给我送钱？怎么有这么多傻瓜组织等我去捡钱呢？

那么状态不好的时候呢？肯定是连主队让球超过球半主队胜奖金只有1.30这样的比赛最终都无法打出，而你恰恰又在死追这样的结果。又或者换成国足，当你信任他们的时候，他们连印度都赢不了；当你觉得他们真的是烂泥扶不上墙时他们又击败了叙利亚。当然人家叙利亚都“国破山河在”了，你跟人家踢一次赢了还挺骄傲，我也实在不知道怎么表达了。也就是当你准备接着买他们输的时候他们又赢了！缺德不？讨厌不？能稳定点不？

这就是运气，这就是倒霉啊，这就是最倒霉的！你连中国队输球这样大概率事件都没赶上，却赶上了中国队赢球这样的小概率事件，当然前提是你都选反了。

这就是运气，说白了，所有的彩票游戏都是运气游戏。也许有人就说，数字游戏才是运气游戏，而足彩游戏不是运气游戏，而是正经的实力游戏，因为足彩比赛涉及了大量的数据分析、大量的经验积累，怎么可能是运气游戏呢？

自从做了这么多年的足彩，我一直坚持长期看球，建立分析体系和积累经验都是足彩的重要一环。通过这些学习和积累可以帮助大家进一步接近实际答案，更加接近实际结果，争取更高的盈利率，这也是我一直所从事研究和进行的工作。但是我们必须承认，即便再充分研究，彩票也有不可预知性，也就是它们的概率性，就像天下没有一样的指纹、没有一样的唇纹、没有一样的树叶一样。即便两场比赛表现出一模一样的赔付率和基本面，最终结果也可以完全不同，这样的事情可能在足球的历史和彩票的历史中反复出现过许多次。每场比赛的独特性也是足彩游戏可以百年来一直被人们参与的根本原因。

如果我们理解了这个道理，也就可以舒缓自己的情绪，可以给自己一个理解。如果我可以正确分析比赛，那可能是我的分析思路和方法与当前比赛的状况接近，切合了当前的比赛路径，因此可以更加接近真实结果。如果我们分析得不对，那可能是现在的比赛发展的路径和比赛环境变化，与我们的固定分析方法出现了不适应。

这些适应和不适应都是正常的结果，都是我们自身努力之外的因素导致的，所谓非战之罪也。

有了这样的思路和心理准备，我在面对连续不断命中实单的过程里，我也非常清楚，其实我的实单命中有分析比赛的原因，也有一部分运气因素，没有什么是百分百的，足球比赛如此，竞彩也是如此。

如果说我的分析有精确命中，有连续13天推荐红单，连续5天实单命中的成绩，但是不中奖的情况也是大家经常会遇到的。甚至可以说，在彩票的世界里，不中奖才是真正主旋律，中奖只是小概率事件。那么当我们不中奖的时候，我们应该怎么调整心态？

我觉得还是要理解买彩票的最终目的。的确，中奖、赚钱是大家都希望的，但是这是一个漫长的过程，而且不是任何人都会有这个机会，买彩票说白了可能是我们很多人的人生中一段有趣的过往。据说人类的多巴胺的分泌会带来巨大的愉悦感，一次完美的性生活可以带来100%的愉悦感，而买彩中奖的愉悦感是这个的两倍。好吧，这样你可能就懂了，中奖，哪怕一次不大规模的中奖也会带来非常好的人生体验。所以，很多人可能最主要的买彩感受就是中一次奖，无论奖金大小，都会有不一样的喜悦感觉。

所以，是不是中大奖的确不是唯一的目的，能中奖就很高兴。一个5倍2串1是不是就很高兴了？这样说，我们是不是可以调整到更好的频率上？

如果连续一段时间状态不好，连续不中奖，我不建议您继续投入。采取拼命战术翻倍投入，或者把足彩当作数字彩的玩法，采取追一个号码翻倍的思路，这样往往会把人带到绝路，我建议您这个时候，可以暂时放下一段时间的彩票，或者逐渐少买一点，逐渐放下一段时间的大投入，远离一阵彩票。最好的方法，可以用不买彩票的心态去看看足球比赛，因为当年不买彩票的时候，你看足球比赛的心态和买了是不一样的。当你不买的时候，你可以用较为平静的心态去看比赛，特别是看那些你曾经不看好的球队，到底为什么他们会打出和你分析得不一样的比赛，到底为什么他们会超过你的预期。是哪里的基本面出现了问题？或者哪里是你故意选择忽视的地方？是不是由于投注习惯问题，你会有不正确的选择倾向？这些问题，都是在你真正买了彩票之后很容易被情感和情绪所压制的，这些问题会极大地限制你的判断。

也许在抛开了买彩心态之后，你会重新认识球队，你会重新看到一个新形象的球队，这个时候会对你的判断有很大的帮助，更可以给你增加信心。此外，暂时停一下买彩，可以让你有时间去复盘此前的比赛。当你每天都在买彩的时候，你总在朝前奔跑而不是停下来看看，而回头找找遗落的东西，可能更有帮助。比如，停下这次要买的比赛，而把这一周来的比赛进行复盘，对自己当时的分析思路和实际结果进行对照，关注自己的思路和结果之间的距离有多远；对比赛结果和比赛过程进行对照，分析到底这个结果是偶然还是必然，这个结果是不是具有很强的指向性；对整个联赛其他赛事的总体走势进行对照，是这一场比赛出现这个趋势，还是整个联赛统一这个趋势。把这些问题的思路捋清晰，可以帮助大家找到总体方向，找到发展走势。

当你运气欠佳的时候，可能也是你买彩总是出现问题的时候，不过没关系，这个时候的我们也可以做一点别的事情。我从来不和大家说玄学问题，但是彩票里究竟有没有玄学？我不知道，出于对未知世界的无比敬畏，我不敢说没有。我有一些神奇的朋友，比如香港星座大师——星座小王子，他每次的分析都让我觉得世界上还是有让人敬畏的东西，所以我不敢说彩票世界里没有玄学，只是我们还不懂，或者我们还需要等待。因此，如果实在运气不好，等待是一个非常好的办法，或者做一点好事情。比如我每次觉得生活不是太好、运气变坏的时候，我都会在路过街边和地下通道的地方，给那些残疾人一些零钱。当然我会选择一下，比如真的残疾，比如在卖艺表演的一些人，总之我会通过这种方式给自己一个心理暗示——上天看得到每一个善行，上天看得到每一个人。这样的心理暗示也许对每个人的作用不尽相同，但是对我而言还是非常管用。

二、彩票的公益性质

惊心动魄的2018年11月，不止有王思聪在微博上扔钱113万，不止有双11疯狂的2135亿，还有全民对1360亿巨额彩票资金的关注。

但是，看着这些新闻我都觉得不是事，因为真正的大事比这个更重要也更“刺激”，一旦看明白了，我可以确保你内心波澜不已、感慨万千。

2018年快到年底时，体彩当年再度突破2000亿销量毫无压力。从发行之日起，此时已大约累计发行超16000亿元人民币！累计筹集公益金大约4300亿元！

如果没有直观的感受，我可以告诉你，体彩年销量相当于同年度中国电影行业票房的5倍。最近几年，和体彩同步飞速发展达到2000亿元级别的还有中国的游戏产业和“全球社交餐饮奇迹”的小龙虾产业。中国经济发展转型，人们生活娱乐方式发生变化，都在经济生活和娱乐生活的选择上有了自己的答案。

这几天很多人都在说："看了数字后面这么多零，我很震惊。"

的确，体彩近年来平均每年2000亿元以上的销量和500亿元左右的公益金，都是所谓有很多零的数字，但是更让你关注的问题可能是：这么多钱都去哪儿了？

答案是：哪儿也没去，都在老百姓的碗里呢……

体彩每年销售所得的所有钱可分为三部分：彩票奖金、彩票发行费、彩票公益金。

彩票奖金最好理解，买彩票中奖的奖金，老百姓中奖就图这个，这钱在老百姓的碗里啊。

彩票发行费也好理解，专项用于彩票发行和销售机构以及彩票代销者的销售费用，是彩票机构的日常费用和彩票店业主的销售佣金。

彩票公益金不但好理解，而且我们都喜欢，就是专项用于社会福利、体育等社会公益事业。简单说，国家拿这些钱用于老百姓的民生和公益事业了，这肯定是老百姓最喜欢的，越多越好，越大越好。

好几千亿，就花在这里了！一分钱也没跑，都在老百姓的碗里呢。

但是，这依然让我们这些看过《如懿传》和《军师联盟》，可以在任何宫斗戏里活到最后一集的人无法解除担心——虽说在碗里了，但是我夏雨荷买彩票的那两元钱，是如何从大明湖畔的彩票店进到北京皇城里的呢？

这也是大事！和钱在哪儿一样重要的是，钱是如何流动的？

有一个词，代表着一种管理方式，这种方式在国际上成为廉洁高效的代名词，这个方式在国家财政部官网上有专门注解，这个方式在体彩的资金管理上很早就被使用——“收支两条线”。简单说，收入和支出是分开的。

体彩这一年2000多亿的销售，每天平均6至7亿的资金都在按照既定轨道流动。

彩民在彩票店买彩票的资金，都被全额缴至各省体彩中心。省体彩中心拿到钱后，首先会按游戏规则规定的比例向中奖者兑奖，然后还要把公益金上缴财政部门——中央公益金（50%）上缴财政部，地方公益金（50%）上缴地方财政部门。最后还要将国家体彩的发行费上缴财政部，将本省体彩中心的业务费按月上缴地方财政部门，将代销费支付给彩票店业主。

这段读起来复杂，但是你有没有发现一个秘密？这里面有一个“很厉害”的组织，就是财政部门。你会发现彩票的钱基本都在他们的管辖之下，而且还规定了，公益金的分配和使用管理由财政部门负责。财政部门审核批准彩票机构的年度预算后，从上缴的业务费中安排资金拨付给彩票机构用于彩票机构的各项业务费用支出。

现在明白了吧，简单说，体彩机构赚的钱，都要交给财政部门去分配。体彩机构要花的钱，就像中国所有的国家机构一样，要向财政机构申请报预算。是不是和想象中彩票机构“财大气粗”或者“花钱如流水”的样子截然不同，竟然有这么复杂而严密的支出管理！

当你明白了体彩的钱在哪儿，体彩的钱怎么流动之后，是不是曾经激动的心有点失望？是不是曾经严苛的眼神有点温和？是不是总是不平不忿的心情得到了舒缓？

等等！还有大事呢，大事在哪？

大事就是，你可以安心，无论你买不买体彩，无论你是彩票的支持者还是反对者，你都可以安心了，只要你是这个国家公民，你都在享受着体彩公益金带来的无穷的社会福利，包括社保、医疗、教育、法律、健身、环保、文化等。无论你身处何方，你总是其中的受益者。

大事就是，2018年全国体彩的销售已再创新高！你的福利又增加了！

附录　竞彩足球数据

英超2021/2022赛季

数据一：比分统计

主胜			平局			主负		
比分彩果	场数	比例	比分彩果	场数	比例	比分彩果	场数	比例
1:0	37	9.74%	0:0	22	5.79%	0:1	28	7.37%
2:0	28	7.37%	1:1	42	11.05%	0:2	18	4.74%
2:1	25	6.58%	2:2	20	5.26%	1:2	25	6.58%
3:0	18	4.74%	3:3	4	1.05%	0:3	13	3.42%
3:1	18	4.74%	平其他	0	0%	1:3	8	2.11%
3:2	10	2.63%				2:3	12	3.16%
4:0	7	1.84%				0:4	7	1.84%
4:1	6	1.58%				1:4	7	1.84%
4:2	2	0.53%				2:4	3	0.79%
5:0	4	1.05%				0:5	4	1.05%
5:1	4	1.05%				1:5	2	0.53%
5:2	0	0%				2:5	1	0.26%
胜其他	4	1.05%				负其他	1	0.26%

数据二：总进球数统计

总进球统计		
总进球彩果	场数	比例
0	22	5.79%
1	65	17.11%
2	88	23.16%
3	81	21.32%
4	60	15.79%
5	43	11.32%
6	17	4.47%
7+	4	1.05%

数据三：半全场

半全场彩果	场数	比例
胜胜	97	25.53%
胜平	23	6.05%
胜负	8	2.11%
平胜	56	14.74%
平平	51	13.42%
平负	44	11.58%
负胜	10	2.63%
负平	14	3.68%
负负	77	20.26%

英超2020/2021赛季

数据一：比分统计

主胜			平局			主负		
比分彩果	场数	比例	比分彩果	场数	比例	比分彩果	场数	比例
1:0	33	8.68%	0:0	30	7.89%	0:1	38	10%
2:0	26	6.84%	1:1	40	10.53%	0:2	23	6.05%
2:1	27	7.11%	2:2	7	1.84%	1:2	33	8.68%
3:0	14	3.68%	3:3	6	1.58%	0:3	14	3.68%
3:1	13	3.42%	平其他	0	0%	1:3	18	4.74%
3:2	7	1.84%				2:3	7	1.84%
4:0	6	1.58%				0:4	3	0.79%
4:1	4	1.05%				1:4	4	1.05%
4:2	3	0.79%				2:4	3	0.79%
5:0	3	0.79%				0:5	2	0.53%
5:1	0	0%				1:5	1	0.26%
5:2	3	0.79%				2:5	3	0.79%
胜其他	5	1.32%				负其他	4	1.05%

数据二：总进球数统计

总进球统计		
总进球彩果	场数	比例
0	30	7.89%
1	71	18.68%
2	89	23.42%
3	88	23.16%
4	47	12.37%
5	27	7.11%
6	13	3.42%
7+	15	3.95%

数据三：半全场

半全场彩果	场数	比例
胜胜	94	24.74%
胜平	17	4.47%
胜负	9	2.37%
平胜	41	10.79%
平平	53	13.95%
平负	59	15.53%
负胜	9	2.37%
负平	13	3.42%
负负	85	22.37%

英超2019/2020赛季

数据一：比分统计

主胜			平局			主负		
比分彩果	场数	比例	比分彩果	场数	比例	比分彩果	场数	比例
1:0	33	8.68%	0:0	21	5.53%	0:1	22	5.79%
2:0	32	8.42%	1:1	49	12.89%	0:2	25	6.58%
2:1	37	9.74%	2:2	20	5.26%	1:2	25	6.58%
3:0	19	5%	3:3	2	0.53%	0:3	10	2.63%
3:1	16	4.21%	平其他	0	0%	1:3	12	3.16%
3:2	10	2.63%				2:3	8	2.11%
4:0	12	3.16%				0:4	3	0.79%
4:1	4	1.05%				1:4	4	1.05%
4:2	0	0%				2:4	1	0.26%
5:0	5	1.32%				0:5	2	0.53%
5:1	0	0%				1:5	1	0.26%
5:2	2	0.53%				2:5	1	0.26%
胜其他	2	0.53%				负其他	2	0.53%

数据二：总进球数统计

总进球统计		
总进球彩果	场数	比例
0	21	5.53%
1	55	14.47%
2	106	27.89%
3	91	23.95%
4	63	16.58%
5	33	8.68%
6	4	1.05%
7+	7	1.84%

数据三：半全场

半全场彩果	场数	比例
胜胜	104	27.37%
胜平	26	6.84%
胜负	8	2.11%
平胜	54	14.21%
平平	50	13.16%
平负	36	9.47%
负胜	14	3.68%
负平	16	4.21%
负负	72	18.95%

英超2018/2019赛季

数据一：比分统计

主胜			平局			主负		
比分彩果	场数	比例	比分彩果	场数	比例	比分彩果	场数	比例
1:0	29	7.63%	0:0	22	5.79%	0:1	26	6.84%
2:0	44	11.58%	1:1	32	8.42%	0:2	23	6.05%
2:1	29	7.63%	2:2	15	3.95%	1:2	33	8.68%
3:0	12	3.16%	3:3	2	0.53%	0:3	10	2.63%
3:1	25	6.58%	平其他	0	0%	1:3	14	3.68%
3:2	9	2.37%				2:3	6	1.58%
4:0	6	1.58%				0:4	5	1.32%
4:1	6	1.58%				1:4	4	1.05%
4:2	7	1.84%				2:4	0	0%
5:0	5	1.32%				0:5	2	0.53%
5:1	2	0.53%				1:5	4	1.05%
5:2	0	0%				2:5	0	0%
胜其他	7	1.84%				负其他	1	0.26%

数据二：总进球数统计

总进球统计		
总进球彩果	场数	比例
0	22	5.79%
1	55	14.47%
2	99	26.05%
3	84	22.11%
4	65	17.11%
5	32	8.42%
6	16	4.21%
7+	7	1.84%

数据三：半全场

半全场彩果	场数	比例
胜胜	106	27.89%
胜平	16	4.21%
胜负	4	1.05%
平胜	62	16.32%
平平	42	11.05%
平负	44	11.58%
负胜	13	3.42%
负平	13	3.42%
负负	80	21.05%

英超2017/2018赛季

数据一：比分统计

主胜			平局			主负		
比分彩果	场数	比例	比分彩果	场数	比例	比分彩果	场数	比例
1:0	44	11.58%	0:0	32	8.42%	0:1	23	6.05%
2:0	27	7.11%	1:1	45	11.84%	0:2	15	3.95%
2:1	32	8.42%	2:2	19	5%	1:2	24	6.32%
3:0	15	3.95%	3:3	3	0.79%	0:3	12	3.16%
3:1	13	3.42%	平其他	0	0%	1:3	5	1.32%
3:2	4	1.05%				2:3	11	2.89%
4:0	9	2.37%				0:4	7	1.84%
4:1	11	2.89%				1:4	7	1.84%
4:2	1	0.26%				2:4	1	0.26%
5:0	9	2.37%				0:5	0	0%
5:1	3	0.79%				1:5	1	0.26%
5:2	1	0.26%				2:5	1	0.26%
胜其他	4	1.05%				负其他	1	0.26%

数据二：总进球数统计

总进球统计		
总进球彩果	场数	比例
0	32	8.42%
1	67	17.63%
2	87	22.89%
3	83	21.84%
4	53	13.95%
5	42	11.05%
6	10	2.63%
7+	6	1.58%

数据三：半全场

半全场彩果	场数	比例
胜胜	103	27.11%
胜平	12	3.16%
胜负	9	2.37%
平胜	61	16.05%
平平	67	17.63%
平负	34	8.95%
负胜	9	2.37%
负平	20	5.26%
负负	65	17.11%

西甲2021/2022赛季

数据一：比分统计

主胜			平局			主负		
比分彩果	场数	比例	比分彩果	场数	比例	比分彩果	场数	比例
1:0	48	12.63%	0:0	43	11.32%	0:1	26	6.84%
2:0	29	7.63%	1:1	47	12.37%	0:2	18	4.74%
2:1	27	7.11%	2:2	17	4.47%	1:2	25	6.58%
3:0	12	3.16%	3:3	4	1.05%	0:3	7	1.84%
3:1	14	3.68%	平其他	0	0%	1:3	6	1.58%
3:2	5	1.32%				2:3	8	2.11%
4:0	9	2.37%				0:4	1	0.26%
4:1	7	1.84%				1:4	8	2.11%
4:2	4	1.05%				2:4	2	0.53%
5:0	1	0.26%				0:5	0	0%
5:1	1	0.26%				1:5	1	0.26%
5:2	2	0.53%				2:5	0	0%
胜其他	6	1.58%				负其他	2	0.53%

数据二：总进球数统计

总进球统计		
总进球彩果	场数	比例
0	43	11.32%
1	74	19.47%
2	94	24.74%
3	71	18.68%
4	47	12.37%
5	29	7.63%
6	13	3.42%
7+	9	2.37%

数据三：半全场

半全场彩果	场数	比例
胜胜	101	26.58%
胜平	15	3.95%
胜负	9	2.37%
平胜	57	15%
平平	71	18.68%
平负	47	12.37%
负胜	7	1.84%
负平	25	6.58%
负负	48	12.63%

西甲2020/2021赛季

数据一：比分统计

主胜			平局			主负		
比分彩果	场数	比例	比分彩果	场数	比例	比分彩果	场数	比例
1:0	38	10%	0:0	30	7.89%	0:1	34	8.95%
2:0	30	7.89%	1:1	56	14.74%	0:2	25	6.58%
2:1	40	10.53%	2:2	21	5.53%	1:2	17	4.47%
3:0	9	2.37%	3:3	2	0.53%	0:3	6	1.58%
3:1	11	2.89%	平其他	0	0%	1:3	14	3.68%
3:2	5	1.32%				2:3	5	1.32%
4:0	7	1.84%				0:4	3	0.79%
4:1	8	2.11%				1:4	3	0.79%
4:2	3	0.79%				2:4	2	0.53%
5:0	1	0.26%				0:5	0	0%
5:1	2	0.53%				1:5	1	0.26%
5:2	2	0.53%				2:5	0	0%
胜其他	2	0.53%				负其他	3	0.79%

数据二：总进球数统计

总进球统计		
总进球彩果	场数	比例
0	30	7.89%
1	72	18.95%
2	111	29.21%
3	72	18.95%
4	56	14.74%
5	22	5.79%
6	10	2.63%
7+	7	1.84%

数据三：半全场

半全场彩果	场数	比例
胜胜	89	23.42%
胜平	23	6.05%
胜负	8	2.11%
平胜	64	16.84%
平平	62	16.32%
平负	42	11.05%
负胜	5	1.32%
负平	24	6.32%
负负	63	16.58%

西甲2019/2020赛季

数据一：比分统计

主胜			平局			主负		
比分彩果	场数	比例	比分彩果	场数	比例	比分彩果	场数	比例
1:0	43	11.32%	0:0	33	8.68%	0:1	28	7.37%
2:0	39	10.26%	1:1	49	12.89%	0:2	15	3.95%
2:1	35	9.21%	2:2	20	5.26%	1:2	32	8.42%
3:0	14	3.68%	3:3	2	0.53%	0:3	8	2.11%
3:1	14	3.68%	平其他	1	0.26%	1:3	5	1.32%
3:2	7	1.84%				2:3	3	0.79%
4:0	4	1.05%				0:4	2	0.53%
4:1	5	1.32%				1:4	3	0.79%
4:2	4	1.05%				2:4	2	0.53%
5:0	2	0.53%				0:5	2	0.53%
5:1	3	0.79%				1:5	0	0%
5:2	3	0.79%				2:5	0	0%
胜其他	1	0.26%				负其他	1	0.26%

数据二：总进球数统计

总进球统计		
总进球彩果	场数	比例
0	33	8.68%
1	71	18.68%
2	103	27.11%
3	89	23.42%
4	45	11.84%
5	22	5.79%
6	12	3.16%
7+	5	1.32%

数据三：半全场

半全场彩果	场数	比例
胜胜	89	23.42%
胜平	17	4.47%
胜负	8	2.11%
平胜	74	19.47%
平平	73	19.21%
平负	36	9.47%
负胜	11	2.89%
负平	15	3.95%
负负	57	15%

西甲2018/2019赛季

数据一：比分统计

主胜			平局			主负		
比分彩果	场数	比例	比分彩果	场数	比例	比分彩果	场数	比例
1:0	41	10.79%	0:0	28	7.37%	0:1	30	7.89%
2:0	35	9.21%	1:1	50	13.16%	0:2	17	4.47%
2:1	38	10%	2:2	27	7.11%	1:2	23	6.05%
3:0	19	5%	3:3	3	0.79%	0:3	4	1.05%
3:1	11	2.89%	平其他	2	0.53%	1:3	7	1.84%
3:2	11	2.89%				2:3	5	1.32%
4:0	4	1.05%				0:4	2	0.53%
4:1	2	0.53%				1:4	5	1.32%
4:2	2	0.53%				2:4	4	1.05%
5:0	2	0.53%				0:5	1	0.26%
5:1	1	0.26%				1:5	1	0.26%
5:2	1	0.26%				2:5	0	0%
胜其他	1	0.26%				负其他	3	0.79%

数据二：总进球数统计

总进球统计		
总进球彩果	场数	比例
0	28	7.37%
1	71	18.68%
2	102	26.84%
3	84	22.11%
4	51	13.42%
5	26	6.84%
6	11	2.89%
7+	7	1.84%

数据三：半全场

半全场彩果	场数	比例
胜胜	85	22.37%
胜平	30	7.89%
胜负	6	1.58%
平胜	67	17.63%
平平	54	14.21%
平负	41	10.79%
负胜	16	4.21%
负平	26	6.84%
负负	55	14.47%

西甲2017/2018赛季

数据一：比分统计

主胜			平局			主负		
比分彩果	场数	比例	比分彩果	场数	比例	比分彩果	场数	比例
1:0	48	12.63%	0:0	28	7.37%	0:1	34	8.95%
2:0	26	6.84%	1:1	32	8.42%	0:2	20	5.26%
2:1	34	8.95%	2:2	23	6.05%	1:2	23	6.05%
3:0	18	4.74%	3:3	2	0.53%	0:3	9	2.37%
3:1	12	3.16%	平其他	1	0.26%	1:3	8	2.11%
3:2	10	2.63%				2:3	5	1.32%
4:0	8	2.11%				0:4	2	0.53%
4:1	5	1.32%				1:4	2	0.53%
4:2	2	0.53%				2:4	4	1.05%
5:0	6	1.58%				0:5	2	0.53%
5:1	2	0.53%				1:5	1	0.26%
5:2	1	0.26%				2:5	2	0.53%
胜其他	7	1.84%				负其他	3	0.79%

数据二：总进球数统计

总进球统计		
总进球彩果	场数	比例
0	28	7.37%
1	82	21.58%
2	78	20.53%
3	84	22.11%
4	53	13.95%
5	30	7.89%
6	13	3.42%
7+	12	3.16%

数据三：半全场

半全场彩果	场数	比例
胜胜	113	29.74%
胜平	9	2.37%
胜负	6	1.58%
平胜	60	15.79%
平平	60	15.79%
平负	39	10.26%
负胜	6	1.58%
负平	17	4.47%
负负	70	18.42%

意甲2021/2022赛季

数据一：比分统计

主胜			平局			主负		
比分彩果	场数	比例	比分彩果	场数	比例	比分彩果	场数	比例
1:0	34	8.95%	0:0	22	5.79%	0:1	27	7.11%
2:0	25	6.58%	1:1	48	12.63%	0:2	12	3.16%
2:1	29	7.63%	2:2	22	5.79%	1:2	37	9.74%
3:0	11	2.89%	3:3	4	1.05%	0:3	11	2.89%
3:1	11	2.89%	平其他	2	0.53%	1:3	17	4.47%
3:2	10	2.63%				2:3	9	2.37%
4:0	11	2.89%				0:4	6	1.58%
4:1	6	1.58%				1:4	4	1.05%
4:2	2	0.53%				2:4	5	1.32%
5:0	1	0.26%				0:5	1	0.26%
5:1	1	0.26%				1:5	1	0.26%
5:2	1	0.26%				2:5	0	0%
胜其他	6	1.58%				负其他	4	1.05%

数据二：总进球数统计

总进球统计		
总进球彩果	场数	比例
0	22	5.79%
1	61	16.05%
2	85	22.37%
3	88	23.16%
4	67	17.63%
5	31	8.16%
6	14	3.68%
7+	12	3.16%

数据三：半全场

半全场彩果	场数	比例
胜胜	97	25.53%
胜平	22	5.79%
胜负	12	3.16%
平胜	39	10.26%
平平	52	13.68%
平负	41	10.79%
负胜	12	3.16%
负平	24	6.32%
负负	81	21.32%

意甲2020/2021赛季

数据一：比分统计

主胜			平局			主负		
比分彩果	场数	比例	比分彩果	场数	比例	比分彩果	场数	比例
1:0	27	7.11%	0:0	20	5.26%	0:1	18	4.74%
2:0	26	6.84%	1:1	46	12.11%	0:2	28	7.37%
2:1	22	5.79%	2:2	25	6.58%	1:2	31	8.16%
3:0	14	3.68%	3:3	6	1.58%	0:3	10	2.63%
3:1	18	4.74%	平其他	0	0%	1:3	14	3.68%
3:2	12	3.16%				2:3	7	1.84%
4:0	3	0.79%				0:4	2	0.53%
4:1	10	2.63%				1:4	8	2.11%
4:2	4	1.05%				2:4	2	0.53%
5:0	2	0.53%				0:5	0	0%
5:1	5	1.32%				1:5	1	0.26%
5:2	3	0.79%				2:5	2	0.53%
胜其他	9	2.37%				负其他	5	1.32%

数据二：总进球数统计

总进球统计		
总进球彩果	场数	比例
0	20	5.26%
1	45	11.84%
2	100	26.32%
3	77	20.26%
4	62	16.32%
5	39	10.26%
6	20	5.26%
7+	17	4.47%

数据三：半全场

半全场彩果	场数	比例
胜胜	94	24.74%
胜平	23	6.05%
胜负	9	2.37%
平胜	51	13.42%
平平	55	14.47%
平负	39	10.26%
负胜	10	2.63%
负平	19	5%
负负	80	21.05%

意甲2019/2020赛季

数据一：比分统计

主胜			平局			主负		
比分彩果	场数	比例	比分彩果	场数	比例	比分彩果	场数	比例
1:0	21	5.53%	0:0	21	5.53%	0:1	27	7.11%
2:0	23	6.05%	1:1	36	9.47%	0:2	13	3.42%
2:1	47	12.37%	2:2	22	5.79%	1:2	41	10.79%
3:0	14	3.68%	3:3	6	1.58%	0:3	8	2.11%
3:1	13	3.42%	平其他	0	0%	1:3	18	4.74%
3:2	7	1.84%				2:3	10	2.63%
4:0	9	2.37%				0:4	3	0.79%
4:1	3	0.79%				1:4	6	1.58%
4:2	7	1.84%				2:4	1	0.26%
5:0	3	0.79%				0:5	0	0%
5:1	5	1.32%				1:5	2	0.53%
5:2	1	0.26%				2:5	0	0%
胜其他	5	1.32%				负其他	8	2.11%

数据二：总进球数统计

总进球统计		
总进球彩果	场数	比例
0	21	5.53%
1	48	12.63%
2	72	18.95%
3	110	28.95%
4	65	17.11%
5	29	7.63%
6	22	5.79%
7+	13	3.42%

数据三：半全场

半全场彩果	场数	比例
胜胜	89	23.42%
胜平	15	3.95%
胜负	17	4.47%
平胜	46	12.11%
平平	50	13.16%
平负	53	13.95%
负胜	23	6.05%
负平	20	5.26%
负负	67	17.63%

意甲2018/2019赛季

数据一：比分统计

主胜			平局			主负		
比分彩果	场数	比例	比分彩果	场数	比例	比分彩果	场数	比例
1:0	35	9.21%	0:0	34	8.95%	0:1	27	7.11%
2:0	28	7.37%	1:1	44	11.58%	0:2	15	3.95%
2:1	39	10.26%	2:2	20	5.26%	1:2	24	6.32%
3:0	18	4.74%	3:3	10	2.63%	0:3	8	2.11%
3:1	13	3.42%	平其他	0	0%	1:3	10	2.63%
3:2	12	3.16%				2:3	6	1.58%
4:0	5	1.32%				0:4	4	1.05%
4:1	11	2.89%				1:4	4	1.05%
4:2	1	0.26%				2:4	2	0.53%
5:0	1	0.26%				0:5	2	0.53%
5:1	1	0.26%				1:5	1	0.26%
5:2	0	0%				2:5	0	0%
胜其他	2	0.53%				负其他	3	0.79%

数据二：总进球数统计

总进球统计		
总进球彩果	场数	比例
0	34	8.95%
1	62	16.32%
2	87	22.89%
3	89	23.42%
4	52	13.68%
5	36	9.47%
6	15	3.95%
7+	5	1.32%

数据三：半全场

半全场彩果	场数	比例
胜胜	92	24.21%
胜平	22	5.79%
胜负	7	1.84%
平胜	65	17.11%
平平	59	15.53%
平负	42	11.05%
负胜	9	2.37%
负平	27	7.11%
负负	57	15%

意甲2017/2018赛季

数据一：比分统计

主胜			平局			主负		
比分彩果	场数	比例	比分彩果	场数	比例	比分彩果	场数	比例
1:0	38	10%	0:0	28	7.37%	0:1	36	9.47%
2:0	21	5.53%	1:1	41	10.79%	0:2	18	4.74%
2:1	35	9.21%	2:2	12	3.16%	1:2	28	7.37%
3:0	22	5.79%	3:3	2	0.53%	0:3	11	2.89%
3:1	12	3.16%	平其他	0	0%	1:3	9	2.37%
3:2	9	2.37%				2:3	12	3.16%
4:0	6	1.58%				0:4	4	1.05%
4:1	10	2.63%				1:4	3	0.79%
4:2	1	0.26%				2:4	4	1.05%
5:0	2	0.53%				0:5	4	1.05%
5:1	3	0.79%				1:5	1	0.26%
5:2	1	0.26%				2:5	1	0.26%
胜其他	4	1.05%				负其他	2	0.53%

数据二：总进球数统计

总进球统计		
总进球彩果	场数	比例
0	28	7.37%
1	74	19.47%
2	80	21.05%
3	96	25.26%
4	43	11.32%
5	40	10.53%
6	12	3.16%
7+	7	1.84%

数据三：半全场

半全场彩果	场数	比例
胜胜	96	25.26%
胜平	18	4.74%
胜负	7	1.84%
平胜	59	15.53%
平平	55	14.47%
平负	51	13.42%
负胜	9	2.37%
负平	10	2.63%
负负	75	19.74%

德甲2021/2022赛季

数据一：比分统计

主胜			平局			主负		
比分彩果	场数	比例	比分彩果	场数	比例	比分彩果	场数	比例
1:0	23	7.54%	0:0	16	5.25%	0:1	12	3.93%
2:0	19	6.23%	1:1	41	13.44%	0:2	15	4.92%
2:1	29	9.51%	2:2	15	4.92%	1:2	17	5.57%
3:0	11	3.61%	3:3	1	0.33%	0:3	2	0.66%
3:1	14	4.59%	平其他	0	0%	1:3	10	3.28%
3:2	12	3.93%				2:3	8	2.62%
4:0	10	3.28%				0:4	3	0.98%
4:1	8	2.62%				1:4	10	3.28%
4:2	3	0.98%				2:4	1	0.33%
5:0	3	0.98%				0:5	1	0.33%
5:1	4	1.31%				1:5	1	0.33%
5:2	2	0.66%				2:5	2	0.66%
胜其他	5	1.64%				负其他	7	2.3%

数据二：总进球数统计

总进球统计		
总进球彩果	场数	比例
0	16	5.25%
1	35	11.48%
2	75	24.59%
3	59	19.34%
4	52	17.05%
5	42	13.77%
6	13	4.26%
7+	13	4.26%

数据三：半全场

半全场彩果	场数	比例
胜胜	90	29.51%
胜平	14	4.59%
胜负	5	1.64%
平胜	42	13.77%
平平	34	11.15%
平负	30	9.84%
负胜	11	3.61%
负平	25	8.2%
负负	54	17.7%

德甲2020/2021赛季

数据一：比分统计

主胜			平局			主负		
比分彩果	场数	比例	比分彩果	场数	比例	比分彩果	场数	比例
1:0	17	5.56%	0:0	18	5.88%	0:1	20	6.54%
2:0	16	5.23%	1:1	42	13.73%	0:2	13	4.25%
2:1	30	9.8%	2:2	16	5.23%	1:2	18	5.88%
3:0	12	3.92%	3:3	5	1.63%	0:3	8	2.61%
3:1	14	4.58%	平其他	0	0%	1:3	13	4.25%
3:2	5	1.63%				2:3	9	2.94%
4:0	8	2.61%				0:4	3	0.98%
4:1	6	1.96%				1:4	7	2.29%
4:2	3	0.98%				2:4	2	0.65%
5:0	5	1.63%				0:5	0	0%
5:1	2	0.65%				1:5	2	0.65%
5:2	4	1.31%				2:5	1	0.33%
胜其他	7	2.29%				负其他	0	0%

数据二：总进球数统计

总进球统计		
总进球彩果	场数	比例
0	18	5.88%
1	37	12.09%
2	71	23.2%
3	68	22.22%
4	54	17.65%
5	32	10.46%
6	15	4.9%
7+	11	3.59%

数据三：半全场

半全场彩果	场数	比例
胜胜	70	22.88%
胜平	17	5.56%
胜负	5	1.63%
平胜	48	15.69%
平平	52	16.99%
平负	33	10.78%
负胜	11	3.59%
负平	12	3.92%
负负	58	18.95%

德甲2019/2020赛季

数据一：比分统计

主胜			平局			主负		
比分彩果	场数	比例	比分彩果	场数	比例	比分彩果	场数	比例
1:0	16	5.23%	0:0	12	3.92%	0:1	16	5.23%
2:0	18	5.88%	1:1	32	10.46%	0:2	13	4.25%
2:1	27	8.82%	2:2	19	6.21%	1:2	22	7.19%
3:0	12	3.92%	3:3	5	1.63%	0:3	11	3.59%
3:1	14	4.58%	平其他	0	0%	1:3	14	4.58%
3:2	5	1.63%				2:3	9	2.94%
4:0	12	3.92%				0:4	7	2.29%
4:1	2	0.65%				1:4	7	2.29%
4:2	2	0.65%				2:4	6	1.96%
5:0	5	1.63%				0:5	4	1.31%
5:1	4	1.31%				1:5	3	0.98%
5:2	1	0.33%				2:5	0	0%
胜其他	5	1.63%				负其他	3	0.98%

数据二：总进球数统计

总进球统计		
总进球彩果	场数	比例
0	12	3.92%
1	32	10.46%
2	63	20.59%
3	72	23.53%
4	66	21.57%
5	32	10.46%
6	21	6.86%
7+	8	2.61%

数据三：半全场

半全场彩果	场数	比例
胜胜	78	25.49%
胜平	15	4.9%
胜负	6	1.96%
平胜	37	12.09%
平平	41	13.4%
平负	31	10.13%
负胜	8	2.61%
负平	12	3.92%
负负	78	25.49%

德甲2018/2019赛季

数据一：比分统计

主胜			平局			主负		
比分彩果	场数	比例	比分彩果	场数	比例	比分彩果	场数	比例
1:0	15	4.9%	0:0	17	5.56%	0:1	15	4.9%
2:0	20	6.54%	1:1	37	12.09%	0:2	11	3.59%
2:1	25	8.17%	2:2	13	4.25%	1:2	16	5.23%
3:0	16	5.23%	3:3	6	1.96%	0:3	12	3.92%
3:1	22	7.19%	平其他	0	0%	1:3	14	4.58%
3:2	6	1.96%				2:3	6	1.96%
4:0	3	0.98%				0:4	7	2.29%
4:1	9	2.94%				1:4	4	1.31%
4:2	3	0.98%				2:4	4	1.31%
5:0	3	0.98%				0:5	0	0%
5:1	5	1.63%				1:5	3	0.98%
5:2	2	0.65%				2:5	1	0.33%
胜其他	9	2.94%				负其他	2	0.65%

数据二：总进球数统计

总进球统计		
总进球彩果	场数	比例
0	17	5.56%
1	30	9.8%
2	68	22.22%
3	69	22.55%
4	59	19.28%
5	28	9.15%
6	25	8.17%
7+	10	3.27%

数据三：半全场

半全场彩果	场数	比例
胜胜	86	28.1%
胜平	14	4.58%
胜负	6	1.96%
平胜	44	14.38%
平平	47	15.36%
平负	27	8.82%
负胜	8	2.61%
负平	12	3.92%
负负	62	20.26%

德甲2017/2018赛季

数据一：比分统计

主胜			平局			主负		
比分彩果	场数	比例	比分彩果	场数	比例	比分彩果	场数	比例
1:0	27	8.82%	0:0	21	6.86%	0:1	17	5.56%
2:0	27	8.82%	1:1	40	13.07%	0:2	15	4.9%
2:1	26	8.5%	2:2	17	5.56%	1:2	19	6.21%
3:0	13	4.25%	3:3	3	0.98%	0:3	7	2.29%
3:1	15	4.9%	平其他	2	0.65%	1:3	10	3.27%
3:2	9	2.94%				2:3	6	1.96%
4:0	5	1.63%				0:4	1	0.33%
4:1	5	1.63%				1:4	4	1.31%
4:2	4	1.31%				2:4	1	0.33%
5:0	2	0.65%				0:5	0	0%
5:1	1	0.33%				1:5	1	0.33%
5:2	1	0.33%				2:5	1	0.33%
胜其他	4	1.31%				负其他	2	0.65%

数据二：总进球数统计

总进球统计		
总进球彩果	场数	比例
0	21	6.86%
1	44	14.38%
2	82	26.8%
3	65	21.24%
4	48	15.69%
5	26	8.5%
6	13	4.25%
7+	7	2.29%

数据三：半全场

半全场彩果	场数	比例
胜胜	92	30.07%
胜平	26	8.5%
胜负	9	2.94%
平胜	41	13.4%
平平	45	14.71%
平负	23	7.52%
负胜	6	1.96%
负平	12	3.92%
负负	52	16.99%

法甲2021/2022赛季

数据一：比分统计

主胜			平局			主负		
比分彩果	场数	比例	比分彩果	场数	比例	比分彩果	场数	比例
1:0	32	8.42%	0:0	24	6.32%	0:1	31	8.16%
2:0	32	8.42%	1:1	52	13.68%	0:2	18	4.74%
2:1	26	6.84%	2:2	20	5.26%	1:2	30	7.89%
3:0	7	1.84%	3:3	6	1.58%	0:3	7	1.84%
3:1	17	4.47%	平其他	0	0%	1:3	6	1.58%
3:2	11	2.89%				2:3	9	2.37%
4:0	10	2.63%				0:4	3	0.79%
4:1	7	1.84%				1:4	4	1.05%
4:2	4	1.05%				2:4	5	1.32%
5:0	3	0.79%				0:5	1	0.26%
5:1	3	0.79%				1:5	1	0.26%
5:2	3	0.79%				2:5	0	0%
胜其他	7	1.84%				负其他	1	0.26%

数据二：总进球数统计

总进球统计		
总进球彩果	场数	比例
0	24	6.32%
1	63	16.58%
2	102	26.84%
3	70	18.42%
4	56	14.74%
5	35	9.21%
6	21	5.53%
7+	9	2.37%

数据三：半全场

半全场彩果	场数	比例
胜胜	97	25.53%
胜平	15	3.95%
胜负	12	3.16%
平胜	46	12.11%
平平	59	15.53%
平负	47	12.37%
负胜	19	5%
负平	28	7.37%
负负	57	15%

法甲2020/2021赛季

数据一：比分统计

主胜			平局			主负		
比分彩果	场数	比例	比分彩果	场数	比例	比分彩果	场数	比例
1:0	22	5.79%	0:0	26	6.84%	0:1	35	9.21%
2:0	19	5%	1:1	48	12.63%	0:2	24	6.32%
2:1	34	8.95%	2:2	19	5%	1:2	25	6.58%
3:0	17	4.47%	3:3	1	0.26%	0:3	14	3.68%
3:1	14	3.68%	平其他	1	0.26%	1:3	13	3.42%
3:2	14	3.68%				2:3	13	3.42%
4:0	9	2.37%				0:4	6	1.58%
4:1	8	2.11%				1:4	4	1.05%
4:2	1	0.26%				2:4	3	0.79%
5:0	1	0.26%				0:5	1	0.26%
5:1	1	0.26%				1:5	2	0.53%
5:2	0	0%				2:5	2	0.53%
胜其他	2	0.53%				负其他	1	0.26%

数据二：总进球数统计

总进球统计		
总进球彩果	场数	比例
0	26	6.84%
1	57	15%
2	91	23.95%
3	90	23.68%
4	61	16.05%
5	41	10.79%
6	8	2.11%
7+	6	1.58%

数据三：半全场

半全场彩果	场数	比例
胜胜	93	24.47%
胜平	22	5.79%
胜负	9	2.37%
平胜	35	9.21%
平平	54	14.21%
平负	43	11.32%
负胜	14	3.68%
负平	19	5%
负负	91	23.95%

法甲2019/2020赛季

数据一：比分统计

主胜			平局			主负		
比分彩果	场数	比例	比分彩果	场数	比例	比分彩果	场数	比例
1:0	39	13.98%	0:0	21	7.53%	0:1	24	8.6%
2:0	17	6.09%	1:1	31	11.11%	0:2	15	5.38%
2:1	28	10.04%	2:2	15	5.38%	1:2	18	6.45%
3:0	14	5.02%	3:3	2	0.72%	0:3	1	0.36%
3:1	11	3.94%	平其他	1	0.36%	1:3	6	2.15%
3:2	4	1.43%				2:3	3	1.08%
4:0	5	1.79%				0:4	3	1.08%
4:1	6	2.15%				1:4	3	1.08%
4:2	3	1.08%				2:4	0	0%
5:0	3	1.08%				0:5	0	0%
5:1	1	0.36%				1:5	0	0%
5:2	0	0%				2:5	1	0.36%
胜其他	3	1.08%				负其他	1	0.36%

数据二：总进球数统计

总进球统计		
总进球彩果	场数	比例
0	21	7.53%
1	63	22.58%
2	63	22.58%
3	61	21.86%
4	40	14.34%
5	19	6.81%
6	8	2.87%
7+	4	1.43%

数据三：半全场

半全场彩果	场数	比例
胜胜	76	27.24%
胜平	18	6.45%
胜负	9	3.23%
平胜	54	19.35%
平平	36	12.9%
平负	28	10.04%
负胜	4	1.43%
负平	16	5.73%
负负	38	13.62%

法甲2018/2019赛季

数据一：比分统计

主胜			平局			主负		
比分彩果	场数	比例	比分彩果	场数	比例	比分彩果	场数	比例
1:0	42	11.05%	0:0	32	8.42%	0:1	35	9.21%
2:0	28	7.37%	1:1	50	13.16%	0:2	10	2.63%
2:1	32	8.42%	2:2	25	6.58%	1:2	23	6.05%
3:0	18	4.74%	3:3	3	0.79%	0:3	6	1.58%
3:1	12	3.16%	平其他	0	0%	1:3	10	2.63%
3:2	9	2.37%				2:3	9	2.37%
4:0	9	2.37%				0:4	4	1.05%
4:1	3	0.79%				1:4	1	0.26%
4:2	1	0.26%				2:4	4	1.05%
5:0	5	1.32%				0:5	1	0.26%
5:1	3	0.79%				1:5	1	0.26%
5:2	0	0%				2:5	1	0.26%
胜其他	2	0.53%				负其他	1	0.26%

数据二：总进球数统计

总进球统计		
总进球彩果	场数	比例
0	32	8.42%
1	77	20.26%
2	88	23.16%
3	79	20.79%
4	60	15.79%
5	28	7.37%
6	12	3.16%
7+	4	1.05%

数据三：半全场

半全场彩果	场数	比例
胜胜	96	25.26%
胜平	21	5.53%
胜负	11	2.89%
平胜	64	16.84%
平平	64	16.84%
平负	42	11.05%
负胜	4	1.05%
负平	25	6.58%
负负	53	13.95%

法甲2017/2018赛季

数据一：比分统计

主胜			平局			主负		
比分彩果	场数	比例	比分彩果	场数	比例	比分彩果	场数	比例
1:0	36	9.47%	0:0	21	5.53%	0:1	34	8.95%
2:0	24	6.32%	1:1	47	12.37%	0:2	21	5.53%
2:1	38	10%	2:2	22	5.79%	1:2	21	5.53%
3:0	23	6.05%	3:3	6	1.58%	0:3	9	2.37%
3:1	19	5%	平其他	0	0%	1:3	8	2.11%
3:2	12	3.16%				2:3	3	0.79%
4:0	6	1.58%				0:4	4	1.05%
4:1	2	0.53%				1:4	2	0.53%
4:2	1	0.26%				2:4	1	0.26%
5:0	3	0.79%				0:5	5	1.32%
5:1	1	0.26%				1:5	1	0.26%
5:2	1	0.26%				2:5	2	0.53%
胜其他	7	1.84%				负其他	0	0%

数据二：总进球数统计

总进球统计		
总进球彩果	场数	比例
0	21	5.53%
1	70	18.42%
2	92	24.21%
3	91	23.95%
4	59	15.53%
5	27	7.11%
6	11	2.89%
7+	9	2.37%

数据三：半全场

半全场彩果	场数	比例
胜胜	104	27.37%
胜平	22	5.79%
胜负	7	1.84%
平胜	64	16.84%
平平	52	13.68%
平负	49	12.89%
负胜	5	1.32%
负平	22	5.79%
负负	55	14.47%

欧冠2021/2022赛季

数据一：比分统计

主胜			平局			主负		
比分彩果	场数	比例	比分彩果	场数	比例	比分彩果	场数	比例
1:0	18	8.26%	0:0	13	5.96%	0:1	19	8.72%
2:0	25	11.47%	1:1	19	8.72%	0:2	6	2.75%
2:1	19	8.72%	2:2	8	3.67%	1:2	17	7.8%
3:0	5	2.29%	3:3	3	1.38%	0:3	5	2.29%
3:1	11	5.05%	平其他	0	0%	1:3	9	4.13%
3:2	6	2.75%				2:3	5	2.29%
4:0	5	2.29%				0:4	3	1.38%
4:1	2	0.92%				1:4	2	0.92%
4:2	2	0.92%				2:4	0	0%
5:0	5	2.29%				0:5	3	1.38%
5:1	1	0.46%				1:5	3	1.38%
5:2	1	0.46%				2:5	0	0%
胜其他	3	1.38%				负其他	0	0%

数据二：总进球数统计

总进球统计		
总进球彩果	场数	比例
0	13	5.96%
1	37	16.97%
2	50	22.94%
3	46	21.1%
4	36	16.51%
5	23	10.55%
6	9	4.13%
7+	4	1.83%

数据三：半全场

半全场彩果	场数	比例
胜胜	67	30.73%
胜平	8	3.67%
胜负	8	3.67%
平胜	30	13.76%
平平	27	12.39%
平负	28	12.84%
负胜	6	2.75%
负平	8	3.67%
负负	36	16.51%

欧冠2020/2021赛季

数据一：比分统计

主胜			平局			主负		
比分彩果	场数	比例	比分彩果	场数	比例	比分彩果	场数	比例
1:0	8	4.49%	0:0	12	6.74%	0:1	11	6.18%
2:0	17	9.55%	1:1	14	7.87%	0:2	15	8.43%
2:1	16	8.99%	2:2	8	4.49%	1:2	14	7.87%
3:0	11	6.18%	3:3	1	0.56%	0:3	6	3.37%
3:1	10	5.62%	平其他	0	0%	1:3	4	2.25%
3:2	4	2.25%				2:3	4	2.25%
4:0	3	1.69%				0:4	4	2.25%
4:1	2	1.12%				1:4	3	1.69%
4:2	0	0%				2:4	0	0%
5:0	3	1.69%				0:5	1	0.56%
5:1	2	1.12%				1:5	0	0%
5:2	0	0%				2:5	0	0%
胜其他	2	1.12%				负其他	3	1.69%

数据二：总进球数统计

总进球统计		
总进球彩果	场数	比例
0	12	6.74%
1	19	10.67%
2	46	25.84%
3	47	26.4%
4	29	16.29%
5	17	9.55%
6	5	2.81%
7+	3	1.69%

数据三：半全场

半全场彩果	场数	比例
胜胜	46	26.14%
胜平	6	3.41%
胜负	5	2.84%
平胜	27	15.34%
平平	23	13.07%
平负	19	10.8%
负胜	4	2.27%
负平	6	3.41%
负负	40	22.73%

欧冠2019/2020赛季

数据一：比分统计

主胜			平局			主负		
比分彩果	场数	比例	比分彩果	场数	比例	比分彩果	场数	比例
1:0	13	6.19%	0:0	10	4.76%	0:1	15	7.14%
2:0	15	7.14%	1:1	21	10%	0:2	13	6.19%
2:1	23	10.95%	2:2	14	6.67%	1:2	14	6.67%
3:0	10	4.76%	3:3	2	0.95%	0:3	8	3.81%
3:1	11	5.24%	平其他	1	0.48%	1:3	6	2.86%
3:2	3	1.43%				2:3	4	1.9%
4:0	5	2.38%				0:4	2	0.95%
4:1	3	1.43%				1:4	3	1.43%
4:2	1	0.48%				2:4	0	0%
5:0	3	1.43%				0:5	1	0.48%
5:1	1	0.48%				1:5	0	0%
5:2	0	0%				2:5	0	0%
胜其他	3	1.43%				负其他	5	2.38%

数据二：总进球数统计

总进球统计		
总进球彩果	场数	比例
0	10	4.76%
1	28	13.33%
2	49	23.33%
3	55	26.19%
4	38	18.1%
5	17	8.1%
6	6	2.86%
7+	7	3.33%

数据三：半全场

半全场彩果	场数	比例
胜胜	53	25.24%
胜平	11	5.24%
胜负	2	0.95%
平胜	30	14.29%
平平	26	12.38%
平负	32	15.24%
负胜	8	3.81%
负平	11	5.24%
负负	37	17.62%

欧冠2018/2019赛季

数据一：比分统计

主胜			平局			主负		
比分彩果	场数	比例	比分彩果	场数	比例	比分彩果	场数	比例
1:0	19	8.8%	0:0	21	9.72%	0:1	12	5.56%
2:0	13	6.02%	1:1	26	12.04%	0:2	14	6.48%
2:1	15	6.94%	2:2	10	4.63%	1:2	14	6.48%
3:0	18	8.33%	3:3	2	0.93%	0:3	6	2.78%
3:1	10	4.63%	平其他	0	0%	1:3	4	1.85%
3:2	2	0.93%				2:3	6	2.78%
4:0	5	2.31%				0:4	1	0.46%
4:1	1	0.46%				1:4	5	2.31%
4:2	0	0%				2:4	1	0.46%
5:0	3	1.39%				0:5	1	0.46%
5:1	2	0.93%				1:5	0	0%
5:2	0	0%				2:5	0	0%
胜其他	5	2.31%				负其他	0	0%

数据二：总进球数统计

总进球统计		
总进球彩果	场数	比例
0	21	9.72%
1	31	14.35%
2	53	24.54%
3	53	24.54%
4	30	13.89%
5	18	8.33%
6	6	2.78%
7+	4	1.85%

数据三：半全场

半全场彩果	场数	比例
胜胜	63	29.17%
胜平	9	4.17%
胜负	4	1.85%
平胜	29	13.43%
平平	37	17.13%
平负	20	9.26%
负胜	1	0.46%
负平	13	6.02%
负负	40	18.52%

欧冠2017/2018赛季

数据一：比分统计

主胜			平局			主负		
比分彩果	场数	比例	比分彩果	场数	比例	比分彩果	场数	比例
1:0	17	7.76%	0:0	14	6.39%	0:1	11	5.02%
2:0	16	7.31%	1:1	24	10.96%	0:2	7	3.2%
2:1	16	7.31%	2:2	7	3.2%	1:2	24	10.96%
3:0	15	6.85%	3:3	3	1.37%	0:3	6	2.74%
3:1	14	6.39%	平其他	0	0%	1:3	7	3.2%
3:2	2	0.91%				2:3	2	0.91%
4:0	1	0.46%				0:4	4	1.83%
4:1	3	1.37%				1:4	4	1.83%
4:2	2	0.91%				2:4	1	0.46%
5:0	5	2.28%				0:5	2	0.91%
5:1	1	0.46%				1:5	2	0.91%
5:2	2	0.91%				2:5	0	0%
胜其他	5	2.28%				负其他	2	0.91%

数据二：总进球数统计

总进球统计		
总进球彩果	场数	比例
0	14	6.39%
1	28	12.79%
2	47	21.46%
3	61	27.85%
4	33	15.07%
5	18	8.22%
6	12	5.48%
7+	6	2.74%

数据三：半全场

半全场彩果	场数	比例
胜胜	63	28.77%
胜平	9	4.11%
胜负	6	2.74%
平胜	30	13.7%
平平	33	15.07%
平负	23	10.5%
负胜	6	2.74%
负平	6	2.74%
负负	43	19.63%

亚冠2022赛季

数据一：比分统计

主胜			平局			主负		
比分彩果	场数	比例	比分彩果	场数	比例	比分彩果	场数	比例
1:0	11	8.59%	0:0	11	8.59%	0:1	8	6.25%
2:0	5	3.91%	1:1	21	16.41%	0:2	5	3.91%
2:1	8	6.25%	2:2	3	2.34%	1:2	6	4.69%
3:0	7	5.47%	3:3	1	0.78%	0:3	6	4.69%
3:1	3	2.34%	平其他	0	0%	1:3	2	1.56%
3:2	5	3.91%				2:3	3	2.34%
4:0	3	2.34%				0:4	0	0%
4:1	0	0%				1:4	1	0.78%
4:2	1	0.78%				2:4	0	0%
5:0	5	3.91%				0:5	3	2.34%
5:1	0	0%				1:5	0	0%
5:2	2	1.56%				2:5	0	0%
胜其他	5	3.91%				负其他	3	2.34%

数据二：总进球数统计

总进球统计		
总进球彩果	场数	比例
0	11	8.59%
1	19	14.84%
2	31	24.22%
3	27	21.09%
4	11	8.59%
5	17	13.28%
6	5	3.91%
7+	7	5.47%

数据三：半全场

半全场彩果	场数	比例
胜胜	38	29.69%
胜平	3	2.34%
胜负	5	3.91%
平胜	14	10.94%
平平	27	21.09%
平负	9	7.03%
负胜	3	2.34%
负平	6	4.69%
负负	23	17.97%

亚冠2021赛季

数据一：比分统计

主胜			平局			主负		
比分彩果	场数	比例	比分彩果	场数	比例	比分彩果	场数	比例
1:0	12	8.57%	0:0	14	10%	0:1	11	7.86%
2:0	7	5%	1:1	16	11.43%	0:2	11	7.86%
2:1	10	7.14%	2:2	4	2.86%	1:2	4	2.86%
3:0	6	4.29%	3:3	1	0.71%	0:3	7	5%
3:1	4	2.86%	平其他	0	0%	1:3	4	2.86%
3:2	2	1.43%				2:3	3	2.14%
4:0	2	1.43%				0:4	4	2.86%
4:1	4	2.86%				1:4	0	0%
4:2	2	1.43%				2:4	0	0%
5:0	2	1.43%				0:5	1	0.71%
5:1	0	0%				1:5	2	1.43%
5:2	1	0.71%				2:5	0	0%
胜其他	5	3.57%				负其他	1	0.71%

数据二：总进球数统计

总进球统计		
总进球彩果	场数	比例
0	14	10%
1	23	16.43%
2	34	24.29%
3	27	19.29%
4	18	12.86%
5	12	8.57%
6	5	3.57%
7+	7	5%

数据三：半全场

半全场彩果	场数	比例
胜胜	39	27.86%
胜平	4	2.86%
胜负	3	2.14%
平胜	14	10%
平平	27	19.29%
平负	13	9.29%
负胜	4	2.86%
负平	4	2.86%
负负	32	22.86%

亚冠2020赛季

数据一：比分统计

主胜			平局			主负		
比分彩果	场数	比例	比分彩果	场数	比例	比分彩果	场数	比例
1:0	12	9.84%	0:0	6	4.92%	0:1	17	13.93%
2:0	10	8.2%	1:1	13	10.66%	0:2	5	4.1%
2:1	12	9.84%	2:2	4	3.28%	1:2	12	9.84%
3:0	6	4.92%	3:3	3	2.46%	0:3	0	0%
3:1	3	2.46%	平其他	0	0%	1:3	1	0.82%
3:2	1	0.82%				2:3	1	0.82%
4:0	3	2.46%				0:4	2	1.64%
4:1	3	2.46%				1:4	1	0.82%
4:2	1	0.82%				2:4	0	0%
5:0	2	1.64%				0:5	1	0.82%
5:1	2	1.64%				1:5	0	0%
5:2	0	0%				2:5	0	0%
胜其他	0	0%				负其他	1	0.82%

数据二：总进球数统计

总进球统计		
总进球彩果	场数	比例
0	6	4.92%
1	29	23.77%
2	28	22.95%
3	30	24.59%
4	13	10.66%
5	9	7.38%
6	7	5.74%
7+	0	0%

数据三：半全场

半全场彩果	场数	比例
胜胜	35	28.69%
胜平	1	0.82%
胜负	3	2.46%
平胜	20	16.39%
平平	18	14.75%
平负	20	16.39%
负胜	0	0%
负平	7	5.74%
负负	18	14.75%

亚冠2019赛季

数据一：比分统计

主胜			平局			主负		
比分彩果	场数	比例	比分彩果	场数	比例	比分彩果	场数	比例
1:0	16	11.03%	0:0	9	6.21%	0:1	9	6.21%
2:0	11	7.59%	1:1	15	10.34%	0:2	3	2.07%
2:1	17	11.72%	2:2	10	6.9%	1:2	7	4.83%
3:0	3	2.07%	3:3	1	0.69%	0:3	1	0.69%
3:1	10	6.9%	平其他	0	0%	1:3	5	3.45%
3:2	3	2.07%				2:3	5	3.45%
4:0	4	2.76%				0:4	1	0.69%
4:1	4	2.76%				1:4	1	0.69%
4:2	1	0.69%				2:4	2	1.38%
5:0	2	1.38%				0:5	0	0%
5:1	2	1.38%				1:5	1	0.69%
5:2	0	0%				2:5	0	0%
胜其他	1	0.69%				负其他	1	0.69%

数据二：总进球数统计

总进球统计		
总进球彩果	场数	比例
0	9	6.21%
1	25	17.24%
2	29	20%
3	28	19.31%
4	30	20.69%
5	15	10.34%
6	7	4.83%
7+	2	1.38%

数据三：半全场

半全场彩果	场数	比例
胜胜	35	24.14%
胜平	5	3.45%
胜负	3	2.07%
平胜	32	22.07%
平平	25	17.24%
平负	14	9.66%
负胜	7	4.83%
负平	5	3.45%
负负	19	13.1%

亚冠2018赛季

数据一：比分统计

主胜			平局			主负		
比分彩果	场数	比例	比分彩果	场数	比例	比分彩果	场数	比例
1:0	12	8.57%	0:0	9	6.43%	0:1	11	7.86%
2:0	11	7.86%	1:1	15	10.71%	0:2	6	4.29%
2:1	11	7.86%	2:2	11	7.86%	1:2	5	3.57%
3:0	7	5%	3:3	2	1.43%	0:3	3	2.14%
3:1	8	5.71%	平其他	0	0%	1:3	2	1.43%
3:2	7	5%				2:3	3	2.14%
4:0	1	0.71%				0:4	0	0%
4:1	2	1.43%				1:4	3	2.14%
4:2	1	0.71%				2:4	2	1.43%
5:0	1	0.71%				0:5	0	0%
5:1	2	1.43%				1:5	0	0%
5:2	1	0.71%				2:5	0	0%
胜其他	3	2.14%				负其他	1	0.71%

数据二：总进球数统计

总进球统计		
总进球彩果	场数	比例
0	9	6.43%
1	23	16.43%
2	32	22.86%
3	26	18.57%
4	22	15.71%
5	16	11.43%
6	8	5.71%
7+	4	2.86%

数据三：半全场

半全场彩果	场数	比例
胜胜	37	26.43%
胜平	7	5%
胜负	6	4.29%
平胜	24	17.14%
平平	22	15.71%
平负	13	9.29%
负胜	6	4.29%
负平	8	5.71%
负负	17	12.14%